Buscando un Nuevo Horizonte

Jornadas de Inmigración de Mujeres Hispanas
Compilado y Preparado por la Publicación
por Trudy Broshears

Un Proyecto de Mujeres Hispanas en Acción
Bajo el Auspicio de
Neighborhood House
179 Robie Street East
Saint Paul, MN 55107

Queremos dar las gracias a Neighborhood House por su dirección y apoyo en el desarrollo de este proyecto.

Sexton Printing
250 East Lothenbach Avenue
Saint Paul, MN 55118

Diseno de Cubierta: Marvin Zapata
Formateado: Dorine McInerney

ISBN 0-9719028-0-1

Los nombres de las personas cuyos perfiles se encuentran en este libro se han cambiado con motivo de proteger la intimidad.

Tabla de Materias

Créditos

Mujeres Hispanas en Acción reconocen y agradecen a todos los individuos que han aportado su tiempo y su talento para el desarrollo de este libro. También agradecemos cordialmente a las organizaciones e individuos que financiaron su producción y distribución.

Queremos dar las gracias a las mujeres que contaron sus historias para este libro.

Consuelo
Dolores
Esperanza
Gracia
Mara
Paula
Pilar
Rosario
Veronica

Fondos

Un Proyecto de The College of St. Catherine, Diversidad y Democracia en Enseñanza Superior, patrocinado por the Bush Foundation
COMPAS
El Fondo de Nuestra Comunidad, The Saint Paul Foundation

Contribuciones

Multicultural Communities in Action, Americorps Program
Neighborhood House (contribuciones no monetarias)

Dirección del Proyecto

Trudy Broshears

Comisión del Proyecto

Los miembros de Mujeres Hispanas en Acción y Poli Fay, lider

Diseño de Cubierta y Dirección de Ilustración

Marvin Zapata, estudiante de College of Visual Arts, St. Paul

Formato

Dorine McInerney, estudiante de Metropolitan State University

Traducción

Tessa Bridal
Myra Colón-Lima
Jenny Finden-Watson
Thomas y Jean Larson
Maria Luisa Parra-Westerberg
Silvia Paz

Corrección de Pruebas

Maria Cervantes
Karen Lamm
Sandra Lugo-Gily
Rosario Neri
Evelyn Rivera
Hilda Salinas
Luis Segara

Consejos Técnicos y Críticas Literarias

Mary Ellen Halverson
Karen Lamm
Jane McClure, periodista
Mujeres Hispanas en Acción
Tom Sexton y Kim Weeks de Sexton Printing
Dan Stoneking, periodista
Caroline A. White, catedrático de español del College of St. Catherine

Asesoramiento del Proyecto

Jo Anna Bradshaw, miembro de la junta directiva
    de Neighborhood House
Sandra K. Fuller, ex-directora de programas de Neighborhood House
Daisi Martin Gavoli, directora de servicios sociales
    de Neighborhood House
Theresa Gómez, ex-directora de servicios sociales de Neighborhood House
Dan Hoxworth, presidente de Neighborhood House
Gloria Rosario, asistente social y ex-lider de Mujeres Hispanas en Acción
Mary Rymanowski, asistente social y ex-lider de Mujeres Hispanas
    en Acción
Cynthia Truitt, asistente social y ex-lider de Mujeres Hispanas en Acción

Buscando un Nuevo Horizonte
una Colaboración Multicultural

Esta colección de viajes inmigratorios auténticos es un sueño hecho realidad por un grupo de mujeres hispanas conocidas como Mujeres Hispanas en Acción. El grupo se ha reunido cada semana en Neighborhood House en el West Side de St. Paul desde el 1989. Ellas toman parte en actividades sociales y educativas mientras que sus hijos disfrutan de juegos y proyectos de arte.

Fue hace seis años durante una conversación colectiva sobre la diversidad que las mujeres hablaron sobre la idea de escribir un libro sobre la inmigración por primera vez. Ellas habían venido a Minnesota desde varios países de habla española y querían ampliar la comprensión pública sobre la inmigración. Este libro permitiría echar una ojeada a una variedad de experiencias inmigratorias personales que describen las situaciones culturales, económicas y políticas les obligaron a los Juanes y a las Juanitas a buscar nuevos hogares en nuestro estado de la Estrella del Norte.

Faltando los recursos para producir el libro ellas mismas, buscaron socios que compartieran su sueño. Encontraron individuos y organizaciones que le ayudaran con varios aspectos del proyecto. Para empezar, el grupo encontró mujeres hispanas de la comunidad que querían contar sus experiencias de inmigración y al establecerse. Trudy Broshears las entrevistó y escribió sus historias. Después, Trudy trabajó con voluntarios que tradujeron las historias para que el libro pudiera ser impreso en inglés y español y así estar disponible a un público más amplio. Con el paso de los meses, Mujeres Hispanas en Acción continuó dirigiendo todo los aspectos del proyecto y más personas se unieron al esfuerzo. Asesores y lectores críticos ofrecieron sus ideas para el desarrollo del libro. Después de escuchar las ideas de las mujeres, Marvin Zapata, un estudiante hábil en su último año en el College of Visual Arts, diseñó varias cubiertas dinámicas de las cuales ellas pudieron elegir. Además, ayudó a los niños del grupo Marvin a dibujar los títulos de cada capítulo. Dorine McInerney, una estudiante de escritura técnica en Metropolitan State University, se encargó del formato (formatting) del texto. Sexton Printing les ofreció consejos técnicos en preparación para la impresión. Y recibimos los fondos para los costos de la publicación y la distribución gracias a la generosidad de un proyecto de the College of St. Catherine, Diversidad y Democracia en Enseñanza Superior, patrocinado por the Bush Foundation; de COMPAS; y El Fondo de Nuestra Comunidad del Saint Paul Foundation. El grupo de Mujeres Hispanas en Acción siente un profundo agradecimiento hacia todos los que facilitaron este proyecto mediante el trabajo voluntario, los fondos, la asistencia técnica y las no monetarias.

Mujeres Hispanas en Acción tiene tres objetivos con respecto a la publicación de este libro. El primero es explicar porque las personas procedentes de países latinoamericanos dejan atrás a sus seres queridos y a los lugares conocidos para construir nuevas vidas en los EEUU. El grupo de las Mujeres cree que la mayoría de los inmigrantes vienen a los Estados Unidos por motivos honorados. Lo explican demostrando las vidas de diversas mujeres hispanas que fueron escogidas por este proyecto al azar.

Las mujeres en este libro, y también los inmigrantes de todos los puntos del mundo, inmigraron a Minnesota por las mismas razones esencialmente. Buscaron trabajo que les permitiría mantener a sus familias. Querían una mejor educación para sus hijos. Huyeron de la pobreza, los gobiernos opresivos y la falta de oportunidades económicas. Algunas de las mujeres dejaron atrás esposos abusivos y tuvieron que mantener a sus hijos sin ayuda. En cambio, otros vinieron por la fidelidad a sus cónyuges u otros seres queridos que inmigraron. La mayoría vinieron por que se enteraron de los amigos y parientes que llegaron antes a las Ciudades Gemelas sobre los buenos trabajos que encontraron y las buenas vidas que habían establecido aquí. Las historias sobre promesas y oportunidades en los Estados Unidos fueron la inspiración de esas mujeres.

Más y más hispanos inmigran a los EEUU cada año. La población hispana de Minnesota tuvo un gran aumento en los años 80. En abril de 2000, el Censo de los EEUU mostró a 35.300.000 hispanos viviendo en los EEUU. Ahora los hispanos componen la minoría étnica más grande de los Estados Unidos, el 12.5 por ciento de la población. Las ciudades de Minnesota como Faribault, Willmar y Northfield cuentan con cientos de hispanos entre su población. Estos nuevos residentes contribuyen a la sociedad de varias maneras. Compran viviendas, establecen iglesias, trabajan en las industrias de la zona, pagan impuestos y gastan su dinero en la "calle comercial." También inician negocios. Según las estadísticas del IRS, había más de 3.600 compañías hispanas en Minnesota en el 1997. Estos negocios reportaron un total de $392.714.000 de recibos.

Es importante tomar en cuenta que este libro se enfocará en los inmigrantes y no los refugiados. Cada año, los Estados Unidos recibe refugiados, personas cuyas vidas y derechos humanos están en peligro en sus países natales por motivos de raza o creencias religiosas o políticas. En las últimas décadas, los EEUU ha admitido refugiados de Guatemala, El Salvador, Somalia, Bosnia, Rusia, Laos y Camboya, entre otros. Las mujeres cuyos perfiles se encuentran en este libro no se consideran refugiados. Sin embargo, la mayoría huyeron de condiciones económicas y de una vida que amenazaban su capacidad de sobrevivir.

El segundo objetivo del grupo al escribir este libro es ayudarles a las mujeres hispanas recién llegadas a adaptarse a la vida en Minnesota a través de las historias de otras mujeres que ya se han establecido aquí con éxito. Las Mujeres también quieren informarles a las personas que actualmente se encuentran en los países latinoamericanos, sobre los problemas que se puedan encontrar al inmigrar. Muchos posibles inmigrantes se sienten atraídos a los EEUU porque es un país rico con salarios altos, pero a veces no entienden que muchos de los recién llegados tienen que trabajar arduamente simplemente para sobrevivir. Las personas que buscan trabajo en los EEUU necesitan destrezas, dominio del inglés y conocimientos de la cultura norteamericana para ganar un sueldo adecuado para sobrevivir. Los inmigrantes de oficios profesionales: médicos, enfermeras, maestros, peluqueros, abogados y demás tienen que aprobar exámenes estatales o federales para obtener licencias para ejercer su profesión aquí. Además, algunos tienen que someterse a formación profesional adicional para cumplir con los requisitos de los EEUU. Y las personas pensando en inmigrar también deben tener consciencia de los problemas que surgen por culpa de los empresarios, proveedores de servicios y arrendadores que se aprovechan de los extranjeros que no hablan inglés o que no entienden las leyes ni la cultura.

El tercer objetivo de las Mujeres es ofrecer estas historias a sus hijos y nietos como una constancia de la vida de los inmigrantes hispanos. Los inmigrantes cuyos hijos se crían en los Estados Unidos encuentran que sus familias se convierten con frecuencia en una mezcla de dos culturas. Los adultos recién llegados se sienten más cómodos con su cultura e idioma nativo pero sus hijos aprenden el inglés con rapidez. Incluso algunos hijos tienen que interpretar para sus padres durante conferencias escolares, consultas médicas y en las tiendas. A veces hay divisiones entre las generaciones cuando los hijos aprenden las costumbres en los EEUU y hacen amigos de otras culturas en la escuela. Empiezan a hablar y vestirse como sus compañeros que no son hispanos. Puede que se sientan resentidos porque sus padres son más estrictos que los padres que no son hispanos. Y como los hijos de inmigrantes tienen la oportunidad que les faltaba a sus padres para adaptarse a nuestra cultura, es posible que no entiendan hasta que punto tuvieron que luchar para simplemente funcionar en una sociedad extraña. Además, es posible que los hijos nacidos a inmigrantes en los EEUU o los que llegaron cuando eran muy pequeños no tengan conciencia de las situaciones apremiantes que les presionaron a sus padres a dejar atrás su terruño.

Las Mujeres Hispanas en Acción esperan que disfruten de estas historias. El grupo ofrece este libro como una oportunidad para conocer algunos de nuestros vecinos hispanos, sus sueños y sus dilemas.

Mujeres Hispanas en Acción

Mujeres Hispanas en Acción es un grupo social y educativo para las mujeres hispanas que se sienten más cómodas con el español que el inglés. Beatriz Garces fundó Mujeres Hispanas en Acción en el 1989 durante su estancia como asistente social en Neighborhood House. Los miembros proceden de México y otros países de habla española. Las mujeres diseñan sus propias agendas para las reuniones y sus actividades fomentan la independencia de las mujeres. Ellas aprenden como resolver los problemas culturales y como conseguir acceso a los recursos de la comunidad. También hacen amistades dentro del grupo y celebran las fiestas y las costumbres hispanas. Mujeres Hispanas en Acción se reúne cada semana en Neighborhood House en el West Side de St. Paul. Los hijos de las mujeres se únen para jugar y hacer proyectos de arte a la misma vez.

Uno de los objetivos de Mujeres Hispanas en Acción es fomentar la cultura hispana en las Ciudades Gemelas. A las mujeres les complace compartir sus tradiciones hispanas porque creen que cada cultura tiene costumbres que pueden enriquecer nuestro país. En el 1990, el grupo presentó la costumbre de construir y adornar un altar para el Día de los Muertos. Cada 2 de noviembre los hispanos honran a sus seres queridos fallecidos. Cada año Mujeres Hispanas en Acción construye un altar para exposición a toda la comunidad del West Side. El canal televisivo local KTCA grabó a las mujeres mientras cantaban de rodillas alrededor del altar. La cámara también las grabó mientras recordaban las tradiciones del Día de los Muertos en sus países natales. KTCA emitió sus recuerdos en la serie *Neighborhood Project* en la primavera de 1997. En el 1996 los miembros del grupo prepararon platos mexicanos tradicionales para la exposición muy conocida del *Día de los Muertos* del Minneapolis Institute of Art. En otras prestaciones en beneficio a la comunidad, Mujeres Hispanas en Acción contribuye al éxito de la fiesta anual del Cinco de Mayo del West Side a través de la venta de artesanía y alimentos. Gracias a estas ventas las mujeres recaudan fondos para las actividades del grupo como viajes recreativos para los miembros y sus familias.

Neighborhood House

Misión: Construyendo portales de oportunidad para las comunidades
            vivas y diversas.
Sueño: Ser el recurso para el desarollo de las comunidades de
            Minnesota, un estado de más y más diversidad.

Neighborhood House ha atendido a las necesidades de los residentes del
West Side y más allá de Saint Paul desde el 1897. Neighborhood House
fue construido por las mujeres del Templo de Mount Zion como una casa
de establecimiento para atender a los inmigrantes Judíos procedentes de
Rusia y otros países de Europa Oriental que vivían en el West Side. Con
el paso de más de cincuenta grupos étnicos distintos por la comunidad,
Neighborood House se convirtió en el centro social que es hoy en día, un
centro de múltiples culturas y propósitos.

Neighborhood House es un lugar donde los talentos de los participantes
pueden convertirse en futuros de éxito. Además, es un ambiente donde las
personas sienten que sus culturas, idiomas y costumbres son aceptados,
no decartados. Los participantes pueden conseguir mejores empleos,
mejorar su situación económica, criar hijos sanos y convertirse en
miembros que contribuyen a la comunidad, gracias a la habilidad de
funcionar en dos culturas. Cuando los participantes de Neighborhod
House se unen a corriente principal, la comunidad desarrolla un carácter
más fuerte, aprovechándose de las habilidades, las culturas, las fortalezas
y los intereses de estos inmigrantes.

Ahora, construyendo sobre más de un siglo de experiencia con
comunidades dirversas, Neighborhood House se esfuerza para ser el
recurso para el desarollo de las comunidades de Minnesota, un estado de
más y más diversidad. *Buscando un Nuevo Horizonte* es un primer paso
emocionante hacia el cumplemiento de ese sueño. Es una manera de
compartir no solamente la pericia de Neighborhood House, pero también
la pericia y recursos de los participantes de los programas y micmbros de
la comunidad; una manera de compartir con las comunidades más y más
diversas de Minnesota.

Esperanza
El regreso de una ex patriota

El corazón de Esperanza estaba agitado cuando colgó el teléfono. Antonio, su tercer hijo, fue transportado a la sala de emergencias porque padecía de pulmonía. Sus amigos de St. Paul le habían llamado para informarle que los médicos temían que Antonio pudiera morir. "¿Cómo puede ser?", Esperanza preguntó. "¡Antonio siempre ha sido tan fuerte!" Ella tenía que estar a su lado inmediatamente.

Las próximas horas pasaron nubladas con tanta actividad. Esperanza reservó un pasaje de ida y vuelta desde su hogar en México a Minnesota. Escribió una lista de quehaceres domésticos para que su esposo y su hija adulta pudieran ocuparse de la casa familiar mientras durara su ausencia. Ella hizo dos maletas firmes porque se suponía que su estancia en Minnesota podría durar hasta un mes, según el curso de la enfermedad.

La mañana siguiente, Esperanza pidió una visa de entrada a los Estados Unidos. El funcionario que la recibió pidió su pasaporte y partida de nacimiento. Esperanza desdobló dos documentos gastados y se los entregó.

Él echó un vistazo a los papeles y le dirigió una mirada incrédula, "¡pero, Señora, Ud. es Americana, nació en California, no necesita una visa, usted necesita un permiso para salir de México! Hace casi cincuenta años el gobierno mexicano le concedió el permiso para venir aquí de visita. Y su permiso para quedarse en México venció hace años" él explicó "Ud. puede conseguir los documentos apropiados en la Oficina Mexicana del Interior."

Una hora más tarde, Esperanza presentó su partida de nacimiento al funcionario sentado detrás del escritorio en la Oficina del Interior. "¿Cuándo fue la última vez que entró en México?" preguntó mientras estudiaba los documentos.

"En 1942," contestó Esperanza. "Mis hermanos y yo vinimos aquí con nuestra madre. Yo tenía diez años, desde entonces mi hogar ha sido México." Ella le entregó el pasaporte de su madre y el oficial hojeó la libreta desteñida. "Según este pasaporte, Ud. entró en México como una turista. México le concedió el permiso para visitar por un par de meses y Ud. se ha quedado aquí ilegalmente por cincuenta años," dijo con un tono acusador.

Esperanza le explicó que jamás pretendía hacer algo malo. Aunque nació en California, fue criada por su madre en México conforme a sus tradiciones. ¡Esperanza no se había considerado como norteamericana desde hace años! Ella asistió a la escuela, trabajó en industrias mexicanas, se casó y crió once hijos en el centro bullicioso de la capital del país. Esperanza se sentía tan mexicana que contestaba "mexicana" al preguntarle por su nacionalidad. Esperanza le imploró al oficial desaprobador que comprendiese que su familia, su trabajó y su vida estaban todos en México.

Le escuchó sin expresión. Entonces, le ordenó a quedarse sentada mientras se acercó al escritorio de otro oficial. Ella se quedó mirándolos con atención mientras hablaban.

Visité a Esperanza una mañana helada de diciembre. Ella, una abuela enérgica de sesenta y cinco años, me ofreció un plato de tamales caseros. Mientras nos sentamos alrededor de la mesa en el comedor de su casa en St. Paul, Esperanza me relató su intento a visitar a su hijo enfermo. Me piqué y escuché en suspenso. Su manera de hablar fue rápida e intensa, hacía muchos gestos con las manos ágiles gastadas a sólo tendón e nudillo después de tantos años de quehaceres.

Explicó que aunque nació en los EEUU, fue criada en México porque su madre se negaba a vivir en otro sitio. Esperanza me enseñó el retrato matrimonial de sus padres. Su padre, Cándido, un hombre cortés, llevaba un traje hecho a la medida del estilo de los años 20 que le quedó ni pintado. Era hijo de un rico empresario mexicano-americano. Fue criado en California. Recibió su educación en universidades ingleses y después construyó una carrera distinguida como catedrático. La madre de Esperanza, Delfina, una mujer delgada con pelo corto, nació y fue criada en la Península de Yucatán en México cerca a la frontera con Guatemala. Cuando era joven, Delfina se trasladó a New Orleans, donde se ganaba la vida haciendo bordados finos. Ella conoció a Cándido, diez años mayor que ella, cuando asistió a una conferencia académica en New Orleans. Ellos establecieron un hogar en San Fransisco, donde Cándido enseñaba idiomas. Durante la próxima década sus cuatros hijos nacieron. La familia gozaba de una vida de privilegio: viajes, un hogar cómodo, una abundancia de libros y un circulo de amigos intelectuales.

Sin embargo, Delfina no se sentía cómoda. Ella prefería la cultura hispana a la norteamericana. Y viviendo tan lejos de su familia ella se sentía más y más sola. Ella intentó animar a su esposo para que patrocinara la mudanza de algunos parientes suyos de Yucatán para que pudieran vivir cerca. Pero Cándido se lo negó. Le suplicó a Cándido trasladar la familia a México, pero él prefería quedarse en los Estados Unidos donde su carrera como profesor estaba prosperando.

Cuando Esperanza tenía siete años, Cándido envió a su esposa e hijos a México para pasar unas vacaciones con la familia de ella. ¡Delfina y los niños nunca regresaron! Delfina no podía dejar atrás su país amado. La pareja había vivido tres años separada cuando por fin Cándido la persuadió a volver. Pero, después de sólo algunos meses reunidos, su hijo de ocho años murió de fiebre. La angustia abrumó su voluntad para dar una segunda oportunidad a su matrimonio y a los EEUU. Ella se trasladó a la ciudad de México con sus tres hijos, y prometió que jamás volvería. Cándido aceptó la decisión de su esposa para quedarse en México. Él seguía enseñando en los EEUU y pagando el alquiler de un apartamento para ella y los niños.

Para ganar dinero adicional con que mantener a sus hijos, Delfina empezó a trabajar en el Departamento de Remate en una fabrica de hilos y tejidos. Sus ojos vivos escudriñaron la tela para efectos en el color y en el diseño del tejido. Delfina mandó a buscar a su abuela en Yucatán para cuidar de los niños mientras trabajaba. Eventualmente, ella trajo a su padre y cinco hermanos para vivir cerca también. Su madre había fallecido cinco años atrás.

Delfina crió a sus hijos norteamericanos como si fueran mexicanos. Los matriculó en escuelas mexicanas junto con los hijos de los vecinos. En los EEUU, el padre de Esperanza les había educado en la casa, siempre hablándoles en inglés. Los niños le entendían, pero contestaban en español, (el idioma que hablaba Delfina.) Devuelta en México, Delfina les dijo que no tenían que estudiar el inglés porque para ella las raíces mexicanas eran más importantes. Delfina tenía antecedentes maya y hablaba uno de los idiomas maya. A Esperanza le encantaba escuchar los cuentos tradicionales de los indios de Yucatan que contaba su madre. A los diez años, Esperanza declaró, "¡Yo voy a ser mexicana!"

Delfina le contestó, "No, tú naciste norteamericana y así te quedarás."

Cuando Esperanza terminó con la escuela secundaria se unió con su madre en la fabrica de hilos y tejidos. Día tras día, Esperanza tendía los hilos de todos los colores del arco iris que se hilaban en la bobina y la lanzadora. A ella le gustaba ver los ríos suaves de tela fluir de las maquinas de tejer que retumbaban tan fuerte como cascadas.

A los diecinueve años Esperanza se casó con Manuel. Fue una pareja fuerte, honesta e industriosa. Durante los próximos cuarenta años, ellos trabajaron en conjunto para ganarse la vida y construir un hogar seguro

para sus once hijos. El oficio de Manuel fue cortador de camisas.
Doblado sobre una mesa ancha, hábilmente libraba las mangas y cuellos
de las tapas de algodón, lino y seda. Manuel podía duplicar el diseño de
cualquier camisa al verla sin la necesidad de un dibujo. Con el tiempo,
Esperanza y Manuel abrieron su propio taller. Esperanza opinó que le
convenía trabajar por su cuenta y depender de la iniciativa propia. "Es
fácil abrir un negocio en México; cuatro máquinas y una mesa son todo
lo que hace falta." Los clientes quedaban contentos gracias a su talento y
el taller prosperó.

Uno por uno, los hijos empezaron a trabajar en el taller, ayudando
después de la escuela. A través del ejemplo de Esperanza y Manuel los
hijos aprendían que el trabajo duro y la integridad dan satisfacción y
auto respeto. Los hijos desarrollaron buenas costumbres empresariales
trabajando en el taller, costumbres que les ayudaban a establecer carreras
de mucho éxito. Hoy, Jesús dirige una empresa de entrega a domicilio de
gas butano para la cocina y la calefacción. José, Gerardo y Pedro tienen
su propia tienda donde venden equipo electrónico. Fernando maneja su
propio taxi. Guillermo, Gamaliel y Mateo son programadores de
computadores. Los dos hijos menores de Esperanza y Manuel viven y
trabajan en los EEUU; Ricardo es un cocinero en el sur de California, y
Antonio se asentó en Minnesota.

Antonio llegó a St. Paul en 1982 cuando su patrón de una empresa
petrolera, patrocinó sus estudios de contabilidad en la Universidad de
Minnesota. Cuando cayó enfermo con la pulmonía, ya era residente
permanente de los EEUU y llevaba varios años trabajando como contable
y como consejero bilingüe en una universidad.

Mientras los médicos atendían a Antonio y su pulmonía en St. Paul,
Esperanza luchó para resolver el problema de su situación como
residente ilegal y para conseguir un permiso para salir del país
legalmente. Así podría consolar a su hijo enfermo y una vez recuperado
regresar a la ciudad capital. Los oficiales de la oficina mexicana del
interior decidirían el asunto. Esperanza recordó que rezaba en silencio
mientras los funcionarios se reunieron, hablando en voz baja, mirándola.

Por fin, el oficial sin expresión regresó al escritorio. Se aclaró la
garganta como si estuviera al punto de decir algo importante. "*Señora*,
ésta es una falta grave cuya sanción normal es una multa. Sin embargo,
no creo que pretendía hacer algo malo en vivir aquí ilegalmente. No
obstante, según la ley, Ud. no puede vivir más en México. Vamos a
concederle quince días para organizar sus asuntos y salir del país. Si se
queda más tiempo será deportada. De ahora en adelante, si quiere volver

a México, tiene que venir como turista. Y como turista tiene derecho a quedarse aquí por tres meses cada visita. Si se queda más que lo permitido, será multada."

Diez días más tarde, Esperanza estaba sentada al lado de la cama de Antonio en su pequeño apartamento. Había llegado demasiado tarde para consolarle en el hospital. Aunque Antonio había superado la pulmonía, el virus le había dejado tan débil que tardó un mes en volver al trabajo. Esperanza se puso a preparar todos sus platos preferidos mexicanos para abrirle el apetito y ayudarle a recuperar las fuerzas. Al recuperarse, Antonio empezó a reorganizar su vida para ayudarle a su madre, como ahora tendría que vivir en los EEUU la mayoría del tiempo. Compró una casa pequeña en el lado oeste de St. Paul donde ella se sentiría más cómoda.

A pesar de eso, Esperanza no se sentía cómoda en St. Paul. Como muchas personas que se trasladan a una cultura extraña, ella se sentía fuera de lugar e insegura. Tenía miedo de salir de su propia casa porque no podía defenderse en inglés. Durante los primeros dos años en Minnesota, casi nunca salió de la casa sola, ni en el verano cuando podría haber conocido a los vecinos y haber explorado el vecindario en un clima tan agradable como el de México. Cada noche, al regresar a la casa, Antonio la encontraba exactamente como la había dejado por la mañana, en el sofá tejiendo.

No había solamente el miedo de una cultura desconocida que la mantenía apartada. Echaba de menos a sus hijos, sus treinta y cinco nietos y sus queridos amigos en la ciudad capital. Echaba de menos las tiendas y avenidas que conocía. Sobre todo se lamentaba la distancia entre ella y su esposo. A los setenta años, Manuel se creía demasiado viejo y enfermo para salir de México. La diabetes había debilitado sus piernas, y tuvo que usar un andador o silla de ruedas. En vez de unirse con Esperanza en St. Paul, eligió quedarse cómodo en el hogar familiar con su única hija, una artista de cerámica.

Esperanza recuerda, "¡Fue difícil dejar a mi familia! Pero cuando Antonio cayó enfermo con una pulmonía, no pensé en las consecuencias de visitarle. Me fui porque mi hijo me necesitaba, y tomaría la misma decisión otra vez por él.

"Llegué a los EEUU como una extranjera aunque soy ciudadana. Me imagino que cuando los jóvenes vienen aquí, vienen con mucho entusiasmo, pero los viejos vienen poco dispuestos. Dejamos atrás vidas largas. Somos menos adaptables que los jóvenes con espaldas fuertes que pueden encontrar trabajo fácilmente. Luchamos con el idioma y las costumbres. Los jóvenes aprenden todo más rápidamente que nosotros." Esperanza suavizó su nostalgia con viajes frecuentes a casa. Hoy en día, seis años más tarde, todavía vive con un pie en México y un pie en los EEUU. Ella viaja a la ciudad capital un par de veces al año y se queda por entre uno y tres meses. Noventa días por viaje es el máximo que su estado de turista norteamericana le permite quedarse.

Desde que llegó Esperanza a Minnesota por primera vez, se ha aferrado a sus costumbres queridas que practicaba en México. Tiene tapices hechos por tejedores mexicanos colgados en las paredes y tirados sobre el sofá. Los Jaguares, las águilas y los coyotes evocan las figuras del calendario Azteca y saltan a la vista desde la lana. Las paredes casi vibran con los cuadros eléctricos de la artista mexicana, Frida Kahlo. Esperanza, una católica devota, mantiene un altar del tamaño de una pequeña mesa, típica de las casas mexicanas. Una estatua de la Virgin descansa en el centro, entre las velas y flores frescas. Hay un esqueleto que mide unas diez pulgadas vestido en un traje de noche. En México simboliza la muerte y el hecho de que es un estado natural que debe ser acogido con humor. Una cruz pesada de roble, hecha por Antonio, está colgada por encima del altar; el tallado rústico hace pensar en la cruz verdadera. Fotografías de seres queridos ahora difuntos, completan el relicario de Esperanza.

Algo curioso es su exhibición de la cultura mexicana, nacida como resultado de su alianza a su parte mexicana, la ayudó a definir su papel en la sociedad de Minnesota. Hoy, mucha gente conoce a Esperanza como la que conserva la cultura mexicana. Los amigos de Antonio fueron los primeros para quedarse encantados con su colección de arte tradicional mexicana, su conversación animada y sus conocimientos sobre las costumbres mexicanas. Aún hoy en día ellos la visitan muy a menudo para hablar y comer los tamales picantes, el mole y los frijoles refritos. Adoptaron a Esperanza como su abuelita. "Estar con Ud. es como estar en México, Doña Esperanza," le dicen.

Felíz porque tenía algo especial para aportar a la comunidad, Esperanza amplió su circulo de amistades. Un vecino le presentó a un grupo de jubilados que se reúne cerca de su casa en Neighborhood House. Luego empezó a salir a las tiendas. Ella recuerda como volvía más y más aventurera. "Al principio, me sentí triste porque la gente no hablaba español en la calle. Ahora, la diferencia en idiomas no me molesta porque he aprendido cómo pedir lo que quiero. Entiendo el inglés pero no lo hablo bien," ella me confió, "sin embargo, decidí que iba a hablar aunque se rían de mí. Estoy determinada a sobrevivir, no importa dónde estoy. A veces tengo problemas. El otro día unos pantalones para niños estaban en oferta, cinco pares por diez dólares. ¡La cajera quería cobrarme siete dólares cada uno! Intenté informarle del precio correcto pero no me entendía, entonces me fui a buscar el cartel con el precio rebajado de la estantería. Esto clarificó el malentendido."

Esperanza y yo habíamos pasado más de una hora conversando cuando ella pasó a la cocina y volvió con dos tazas de café oscuro, dulce y con sabor a canela. Mientras lo tomábamos, ella explicó cómo su estancia en Minnesota la había cambiado. "Mis viejos amigos en México dicen que he vuelto más independiente. Oh, no independiente como los Norteamericanos pero como una persona. Aquí tengo mi propia identidad. En México la gente me asocia con mi familia y siempre hay un nieto o sobrino o nuera para acompañarme a la iglesia o a las tiendas. Aquí, lejos de mi familia, tengo que contar conmigo. Aquí la gente me conoce por mi negocio de comidas de encargo, por los platos mexicanos que preparo para las fiestas, y mis tamales que vendo por docenas. ¡Incluso, hasta doscientos tamales a la vez por fiestas en museos, negocios y organizaciones! Nunca me falta trabajo porque la gente sabe que mis recetas son auténticas. También, ganó dinero a través de la venta de cosas que traigo de México.

"Con respeto a las finanzas, tengo suerte porque Antonio gana un buen sueldo y compartimos los gastos y trabajamos en equipo. Sin embargo, también tengo mis propios gastos. El tratamiento que requiere la enfermedad de mi esposo es muy caro. Como tengo mi propio negocio puedo enviar dinero para ayudar a mi familia. Me gusta ganar dinero para así hacer lo que quiero.

"Me dan pena los inmigrantes. ¿Cómo pueden mantenerse ellos solos? Vienen aquí porque, según los rumores, los sueldos en los EEUU son más altos que en México. Pero no entienden que es muy caro vivir aquí. Trabajan en los hoteles y los restaurantes por cinco o seis dólares la hora, gastan lo que ganan y apenas sobreviven.

"Algunos hombres dejan atrás sus esposas e hijos. Para poder enviar dinero a sus familias trabajan demasiado duro y acaban agotados. Algunos se olvidan de lo que tienen en México. ¡Se olvidan de sus familias! Otros hombres regresan a México y se enteran de que han sido remplazados por otros. ¡Sí, eso sucede! Ah, nada en la vida es fácil, ni aquí ni en México.

"Ahora, el gobierno norteamericano pretende recortar los beneficios de los inmigrantes legales, aunque trabajan y pagan impuestos. ¡Ya recortaron la asistencia por los incapacitados y después fue restaurado! Es una época muy insegura para los inmigrantes. No creo en la vagancia ni en pedir limosna gratuita. Pero, cuando la gente está necesitada de verdad, tenemos que ayudarles! Afortunadamente, ni Antonio ni yo hemos pedido caridad, y mi hijo lleva quince años aquí."

Esperanza cree que es importante aportar algo a la comunidad donde uno vive. Cuando asiste a reuniones muchas veces lleva platos tradicionales caseros. Antonio y ella son vendedores perennes de arte tradicional mexicana en la feria del cinco de mayo en el lado oeste de St. Paul. Y organizaciones encargadas de fiestas que celebran la cultura mexicana la consultan por sus conocimientos sobre el tema.

Mientras terminamos nuestra conversación, hurgué con el tenedor entre la envoltura de elote que había en mi plato buscando migajas húmedas de tamal. Aunque estaba llena y me rehusé unos segundos, quería mantener el sabor picante en la boca. La miré trazar con un dedo el marco de la fotografía de sus padres mientras recordaba sus años en Minnesota. "Cuando llegué aquí en el 1991, me lamenté, '¡Oh, nunca viviré otra vez en México!' Ahora, me he acostumbrado a mi vida en Minnesota, pero todavía echo de menos a mi familia. Afortunadamente, si Dios quiere, mi hija inmigrará a St. Paul y mi esposo está dispuesto a venir con ella si su salud lo permite. Estoy organizando a alguien para patrocinarles aquí. Pero aunque vengan aquí, todavía tendré ocho hijos y sus familias en la ciudad de México que quiero visitar. Entonces, lo más probable es que viajaré entre St. Paul y México por el resto de mi vida."

Gracia
Escapando del Abuso

En el corredor del hospital, Gracia temblaba mientras el joven abogado le rogaba; "¿Quién te hizo esto? Dime." Gracia inclinaba la cabeza para mantener los ojos del abogado alejados de la contusión del grande de una mano que se extendía como una nube de tormenta en su cien mejilla y quijada.

Los empleados de la sala de emergencia han llegado a conocer muy bien a Gracia a través de los años que han tenido que darle tratamiento por varias heridas: un diente suelto, un labio partido y fractura de la muñeca. Ellos dudaban de las explicaciones que ella les daba de esas heridas. Ella se disculpaba y decía que era propensa a accidentes, que se tropezó con el perro o que se golpeó con una de las puertas abiertas del gabinete. Pero cuando las enfermeras le preguntaron de su última contusión, Gracia sólo podía decir con una voz débil y confusa, "Yo no sé, o no sé...."

"Seguro que tienes que recordar," le persuadían las enfermeras. Gracia no decía nada más. Las enfermeras murmuraban en el pasillo afuera del cuarto de examen. Ellas entonces notificaron al joven abogado, que estaba asignado al hospital, para defender a las personas que sufrían daño por manos de otros. Para su angustia el abogado comenzó a hacerle preguntas, presionándola a admitir el secreto que ella tenía escondido por años.

"Tienes que decirle al abogado que tú esposo te golpea," le dijo Olga, quien la había llevado al hospital. Olga, la cuñada de Gracia, tomó en sus tibias manos las manos heladas de Gracia, "Piensa en tus hijos. Recuerda como Lalo echo a Guadalupe y Adriana a la calle, porque ellas trataron de detenerlo para que no te golpeara. Tus hijos te han rogado que dejes a Lalo desde ese día. Escúchame, yo me siento muy mal el hablar en contra de mi hermano. Pero, Gracia, él ha perdido el control. Tú y tus hijos no necesitan sufrir más por sus ataques." Olga le rogaba, "Dile al abogado que es Lalo quien te golpea. ¡Por favor, dile!"

"No, estoy avergonzada," le murmullo Gracia.

"¡Dile Gracia!"

Unas semanas después, el joven abogado ayudó a Gracia a divorciarse del hombre con el cual se casó 20 años atrás. "El costo total son 700 pesos ($100)" le dijo el abogado, aceptando un pago parcial de Gracia. Él le dijo a ella que podía pagar el resto cuando ella pudiera. Gracia describía el comportamiento abusivo de Lalo mientras compartimos una taza de café en un restaurante. La voz de Gracia se oía calmada, pero sus ojos delataban el terror que aún quedaba vivo en su memoria, años después que ella y Lalo se habían separado. Al observar a Gracia, yo pensé que era increíble que alguien quisiera hacerle daño, pues ella es gentil y se ha ganado la buena reputación de ser una madre responsable y una diligente trabajadora. Mi corazón estaba con Gracia, los niños y Lalo a medida que ella describía su turbulenta vida familiar. Era doloroso escuchar cómo todos sufrieron. La violencia fue el factor que finalmente impulso a Gracia en su viaje a Minnesota y a una vida libre de violencia.

Gracia se mudó con sus hijos al otro lado de la Ciudad de México DF, después de haber consultado al abogado. Gracia me dijo que ella sólo agarró ropa y algunas cosas esenciales de la casa que ella y Lalo habían compartido. Ella temía que si reclamaba más cosas, eso pondría a Lalo furioso. Gracia trataba de pensar defensivamente y evitar acciones que podría provocar los arranques de Lalo, para así protegerse ella y sus hijos. Lalo era imprevisible y tenía su forma de mantenerla fuera de balance, cambiando las reglas y demandas diariamente. Aunque Gracia es inteligente, el constante abuso físico y emocional rebajó su estima propia y la acostumbró a dudar de su propio juicio. Muchas veces su indecisión la dejaba imposibilitada para actuar. Cansada de evitar la furia de Lalo, Gracia tenia que cortar todos los lazos con su esposo. Así que ella cerró la puerta de su hogar, abandonando recuerdos propios: un retrato gastado de su luna de miel, la manta que tejió mientras esperaba el nacimiento de su primer bebé, ornamentos frágiles de Navidad envueltos en papel. Estos tesoros preservaban recuerdos de su vida como hojas suspendidas en ámbar. Aún así, con miedo, ella los dejó.

Después de dejar su casa, Gracia temía un encuentro con Lalo. El pensamiento de que ella había avergonzado a Lalo ante familiares y amigos al dejarlo, la torturaba. Ella temía que él, para desquitarse, la matara, como muchas veces él la amenazó. ¿Entonces, él iría a la cárcel y quien cuidaría de los niños? Sin embargo, ella no podía evitar encontrarse con Lalo, pues ellos requerían presentarse en la oficina del abogado y en la audiencia del divorcio en la corte. Previsible, Lalo comenzó con sus amenazas cuando el juez aprobó el divorcio y le negó los derechos paternales. "Yo no voy a firmar esos papeles. Ella no puede divorciarse sin mi consentimiento," él gruñó. Gracia lo observaba por señales de violencia inminente. El juez respondió fríamente a las protestas de Lalo, "Señor Garza, usted ha probado que es un padre inadecuado. Usted ha abusado y ha sido negligente con su familia. Si usted no firma los documentos, usted ira a la cárcel." Gracia observaba con lástima mientras Lalo luchaba en controlar su furia y aceptar el veredicto. Veinte años compartiendo comidas, cama y familia, hicieron muy difícil que Gracia se fijara en el monstruo en Lalo y olvidar el hombre. Sin embargo, eso era lo que tenía que hacer para poder librarse de él. Aunque ella estaba aterrorizada al desafiar a Lalo, ella encontró el valor en su decisión de crear una vida libre de violencia para ella y sus hijos.

A regañadientes pero, con prudencia, Lalo aceptó cumplir con el veredicto del juez, pues él no tenía defensa en contra de los cargos. En ese momento, Lalo comenzó a perder la confianza en su poder para dominar a su esposa. Él se fijó en la firmeza en los hombros de Gracia, a lo que él interpretó como una señal de desafío impropio en su pequeña y bronceada esposa. Mientras tanto, Gracia, firme en su decisión de dejar a Lalo, resistió las emociones turbulentas en la corte, como un árbol bien arraigado resistiendo el vendaval.

Agotada después de la audiencia, Gracia subió con dificultad las escaleras sucias a su nuevo hogar y abrió la puerta. Los niños y ella estaban miserablemente apretados en un apartamento de un cuarto. Estaba escasamente amueblado con dos camas literas, una mesa maltratada y cuatro sillas sencillas. En una esquina del cuarto había una cocina improvisada con un fregadero agrietado y dos quemadores con un cordón desgastado. Lo peor del apartamento era el baño sin puerta ni techo. En días de tormenta, la lluvia caía con un frío penetrante que quitaba la bendición de la tibieza en cada superficie. Gracia creó un poco de intimidad improvisando una puerta con una sabana vieja. Sin embargo, ella no podía construir un techo, así que ella y los niños no tenían otra alternativa, sino que se bañaban estremeciéndose a toda vista de un cielo desapasionado.

Gracia luchó para proveer para sus hijos. A ella le faltaba la habilidad para los negocios que le hubiese permitido ganar suficiente dinero para que su familia viviera cómoda. Debido a que ella era madre y esposa tiempo completo, estuvo fuera del mundo de los negocios por veinte años. Ella tuvo que tomar trabajos que pagaban poco y trabajar horas largas para poder pagar la renta y para la comida. Sus días comenzaban antes de las seis de la mañana, cuando ella se iba de su apartamento para limpiar el apartamento de un oficial del banco. Cuando terminaba ella caminaba ocho bloques hasta el hospital donde ella limpiaba corredores hasta las cinco de la tarde. El trabajo del hospital proporcionaba seguro médico y renta, pero Gracia aún necesitaba dinero en efectivo para alimentos, ropa y utilidades e imprevistos. Así que ella cosía ropa al gusto a la medida, muchas veces cosiendo hasta largas horas de la noche para asegurar que sus hijos tuvieran comida al otro día. Ella recuerda, "Cuando amanecía yo despertaba a mi hijo y le decía, 'Marcos, entrégale este traje a la Señora Alvarez. Dile que son 30 pesos.' Cuando él regresaba con el dinero, yo tenía que ir al mercado y comprar alimentos para ese día y dejar algo para los gastos de la escuela de los niños."

Gracia está agradecida por la devoción de sus hijos durante esos tiempos tan difíciles. Ellos cocinaban y limpiaban el apartamento y el mayor tenía trabajos parciales. Sin embargo, Gracia, no los dejaba trabajar largas horas. En cambio ella les insistía que ellos se dedicaran a sus estudios para así asegurar el futuro de cada uno. Ella estaba determinada a mantenerlos alejados de los peores trabajos de niños: mendigar o vender juguetes, papel o fuegos artificiales en medio de las calles más transitadas. Ni les permitía que limpiaran los cristales de los carros en esos breves momentos antes que la luz del semáforo cambiara. Miles de niños mexicanos que así trabajan han sido secuestrados en las calles o atropellados mientras tratan de ganarse algunos centavos. Otros se tornaban a las drogas para escapar por unos mementos de su dura realidad o han muerto de una sobredosis o violencia relacionada con las drogas.

Gracia no tenía ayuda para mantener a su familia. Al principio, Lalo estaba tan amargado por el divorcio que se rehusó a contribuir tan siquiera con ningún peso de la pensión alimenticia de los niños ordenada por la corte. Sin embargo, a tiempo, realizó que la botella no podía llenar el vacío que sentía, así que ocasionalmente les enviaba regalos a los niños para suavizar las relaciones con ellos. Gracia no podía pedirle a su familia, pues ellos tenían casi lo suficiente para alimentarse. Ni siquiera Olga ni el resto de la familia de Lalo tenían los medios para poder ayudarla, aunque a ellos les hubiese gustado por respeto a Gracia y su cariño por los niños.

Si bien Gracia le agradecía a Dios de que ella estaba saludable y empleada, ella también oraba por prosperidad. No importaba cuan fuerte ella trabajara, ella nunca podía guardar suficiente dinero en ese espantoso apartamento. A menudo en las horas tranquilas antes del amanecer, antes que las bocinas de los carros y los gritos de los vendedores

contaminaran el aire, Gracia meditaba en los eventos que la habían
llevado a la pobreza.

Cuando niña, Gracia detestaba la dura vida del campo que su familia
llevaba. Ella sabía que algún día se iría de allí para encontrar algo mejor.
Por generaciones la gente de Gracia ha caminado los campos a medida
que el sol salía y regresaban a la casa cuando los pinos se veían como
siluetas en contra del eléctrico cielo azul. La familia plantaba, cultivaba y
segaba; maíz, frijoles y tomates. Su ardua labor le evitaba, a los jefes
millonarios, la molestia del sudor y el polvo del campo en su piel y la
demanda de los músculos forzados a doblarse a la tierra todo el día.

Gracia creció en una casa de adobe de un cuarto sin agua potable o
electricidad. Ella y su mamá cocinaban los alimentos para la familia en
una choza construida en madera. Cuando Gracia tenía 10 años, su papá
le asignó a ayudar a su mamá con el cuidado de los seis hermanos y
hermanas más pequeños. Las dos cocinaban frijoles, arroz y hacían masa
(maíz amarillo molido) en tortillas y golpeaban la ropa hasta blanquearlas
en las rocas de una laguna cercana. Gracia y su mamá tomaban turnos en
el campo también, pues nadie estaba exento del trabajo agotador del
rancho.

Como Gracia era una niña brillante, quien quería más en la vida que
el trabajo del campo, le rogó a su papá que le permitiera asistir a la
escuela, que era de un sólo salón, con sus hermanas y hermanos. El
siempre le contestaba: "tú no puedes ir a la escuela; tú tienes que ayudar
en la casa." Determinada, Gracia persuadía a los vecinitos para que le
enseñaran a ella las lecciones en lectura y aritmética.

A los dieciséis, Gracia se fue del rancho. Su tía de la Ciudad de
México le consiguió un trabajo como sirvienta residente. Aunque la
patrona, Señora Guzmán, también tenía una niñera y jardinero, Gracia
muy pronto se convirtió en la sirvienta favorita. Gracia cocinaba
planchaba y ayudaba a cuidar los niños, tarea que había aprendido en
el rancho. La casa de los Guzmán era lujosa. Gracia tenía su propio
cuarto con un televisor, una llave para la casa y los domingos libres. En
su día libre ella iba a la misa y almorzaba con la tía que vivía cerca del
Centro de Historia de la ciudad. Luego en la tarde, ella se iba a pasear de
mano en mano con sus amigas en la Plaza de Tres Culturas, donde las
muchachas admiraban las chucherías de los vendedores y observaban los
artistas de la pantomima y los gitanos.

Un domingo un amigo le presentó Gracia a Lalo y Gracia en seguido
se enamoró. La Señora Guzmán le advirtió, "Él no es el hombre correcto
para ti, Gracia. Él toma. Él es irresponsable. ¡Espera por otro!"

Años más tarde, Gracia recordó el consejo de su patrona. "Yo lamento no haber hecho caso al consejo de la Señora Guzmán. ¡Mi vida hubiese sido más fácil si yo me hubiese casado con otra persona!"

Al principio, el matrimonio de Gracia se veía prometedor. Lalo era un talentoso técnico en reparación de TV, y él pudo haber sustentado a su familia cómodamente, pero el alcohol destruyó gradualmente su ambición. En 1976, mudó a su familia a Waco, Texas por una corta aventura de negocios. Guadalupe, la segunda hija de Gracia y Lalo nació allí. Pero pronto Lalo decidió que él prefería México que a los Estados Unidos. Así que la familia regresó a la Ciudad de México donde abrió un taller. Como hombre de negocios negligente, dejaba el taller para irse a emborracharse y a chismear con los del bar. Los clientes trataban de abrir la puerta y después se llevaban sus televisores a otro taller.

Al paso de los años, Lalo bebía en exceso. Mientras el le negaba dinero a Gracia para alimentos, sus pesos tintineaban en la caja registradora de la cantina. Gracia le rogaba, "Necesitas cambiar, no sólo por ti, pero también por los niños. ¡Yo no estoy pidiendo por mí, pero por el amor de los niños cambia!" Frecuentemente, su respuesta era violenta.

Gracia sabía que la cerveza lo había hecho perverso. Aún en lo profundo ella se sentía confundida y pensaba si en realidad ella había hecho cosas que justificaba su furia, como decía. Ella y los niños eran bien cautelosos como los perros callejeros, observando por señas de violencia inminente y pensando que acto inocente lo provocaría. Ellos vivían con el miedo que él llevaría acabo sus amenazas de dispararle o apuñalarla. Cuando los dos niños mayores llegaron a la adolescencia trataban de defender a Gracia. "Por favor, no le pegues a mamá." Ésas fueron las últimas palabras que Adriana y Guadalupe dijeron antes de que Lalo las botara de la casa. Él estaba furioso de que ellas intervinieran cuando el golpeaba a Gracia en la cabeza. Días más tarde, Lalo le pegó tan fuerte, que la cuñada la llevó a la sala de emergencia con moretones y contusiones. Ésa fue la noche que Gracia encontró el valor y la ayuda para dejarlo.

Gracia ya tenía 3 años de divorciada cuando la sobrina de Lalo, Gloria, manejó desde Minnesota para visitar a su familia en México. Gloria se quedó boquiabierta cuando vio el apartamento de Gracia, "¡Mira en la condición en que vives! ¿Cómo tú soportas este baño? ¿No se mojan cuando llueve? Tú tienes que salir de aquí. Ven a vivir conmigo en St. Paul. Yo tengo trabajo para ti; yo trabajo largas horas y necesito a alguien de confianza que cuide mis hijos." Gloria se había establecido en

St. Paul diez años atrás, obtuvo su residencia y desarrollo su propio negocio de tapicería. "Mira Gracia, yo puedo ayudarte, pero no puedo llevar a tus hijos también. Lo siento. Ellos tienen que quedarse aquí hasta que tú puedas enviar por ellos y mantenerlos."

Tarde esa noche, Gracia tenía su mirada fija en las paredes estropeadas del apartamento, reflexionando en la oferta de Gloria. Era un regalo envuelto en tristeza. Ella no podía soportar la idea de dejar sus hijos atrás, pero ella sabía que debía irse con Gloria por el bien de ellos. Ella bendijo a sus hijos que estaban durmiendo apiñados en las camas literas. Ellos se merecían un mejor hogar. En ese momento Gracia decidió mudarse para Minnesota.

El mudarse era muy fuerte para ella, especialmente porque los tres más pequeños de sus cinco hijos tenían que quedarse con Lalo hasta que ella pudiera enviar por ellos. No había nadie más que pudieran quedarse con los pequeños, pero las dos hijas mayores podían quedarse con amigas. Lalo todavía bebía y eso lo hacía más duro con los niños. Afortunadamente, con Gracia fuera de la vista, él yo no era violento. Su creencia de que el necesitaba controlar a su esposa por medio de la fuerza pudo haber sido la causa de sus arranques. Viviendo sólo parecía que Lalo se había suavizado y repetidas veces le rogó a Gracia que regresara, "Estoy viejo, enfermo, terminado," él se lamentaba.

"Lo siento, yo no puedo hacer nada por ti," Gracia le contestaba. "Si los niños desean regresar contigo yo no voy a impedir. Ellos ya están grandes y saben lo que quieren." Pero los niños no estaban más interesados que ella para quedarse con él.

Antes de irse de México, Gracia vendió casi todo lo que tenía, hasta la maquina de coser, para así dejarle algo de dinero a los niños. Como ella también necesitaba dinero para pagarle al coyote, un guía, para que la pasara a escondidas a través de la frontera. Gloria no podía tomarse el riesgo de que la descubrieran llevando una persona indocumentada a los Estados Unidos. Gracia estaba atontada por el miedo en el carro del coyote que se acercaba a la frontera de Piedras Negras. El astuto coyote le mostró a los guardias unos papeles y fácilmente los convenció de que él y Gracia eran un matrimonio que iba para Las Vegas de vacaciones. En Texas el coyote dejó a Gracia en un restaurante donde ella y Gloria habían acordado encontrarse. Gracia salió del carro temblando pero a salvo. Ella sabía que había salido mejor que cualquier otra mujer que ha viajado con un coyote.

Era noviembre de 1992. A medida que Gracia y Gloria viajaron norte al corazón de los Estados Unidos, Gracia experimentó ese solitario viaje interno que cada inmigrante hispano hace. Gradualmente rastros de la cultura mexicana fueron desapareciendo. La gente del norte era rubios y ya en las tiendas no se veía "Se habla español." Años más tarde, Gracia recuerda cómo se sentía recién llegada a los Estados Unidos, "Nosotros los mexicanos que cruzamos la frontera nos sentimos como pollitos que están perdidos lejos del gallinero. Gallinas extrañas nos picotean y tratan de corrernos. Nos sentimos muy mal cuando llegamos, porque éste no es nuestro propio país. No conocemos a nadie, no sabemos el idioma y hay discriminación. Muchos de nosotros venimos a los Estados Unidos por necesidad. Yo no hubiese decidido venir a luchar en tierra extranjera, a menos que tuviera que hacerlo. Si yo tuviese mi propia casa en México, para que iba a venir a luchar aquí."

Durante ese invierno, Gracia sintió una honda gratitud por la bondad de Gloria. Ella adoraba a los pequeñuelos alborotadores y aunque ellos no podían controlar el anhelo que ella tenía por sus propios hijos, ellos la distraían con sus travesuras. Como Gloria proveyó cuarto y estadía, Gracia pudo ahorrar casi cada centavo que ganaba para así enviarlo a sus hijos. En marzo, Marcos, su hijo de 13 años, la llamó para decirle que él ya estaba cansado de estar con su papá. Marcos había cruzado la frontera de Texas y estaba trabajando en un almacén de una compañía de techos. Gracia se preocupaba por su hijo viviendo sólo y como inmigrante ilegal.

En ese primer invierno en Minnesota, Gracia se enfermó y estaba descorazonada. Ella recuerda, "Cuando llegué aquí, me enfermé debido al cambio del clima o la tristeza, yo no sé por cual, pero la enfermedad me duró semanas. Estaba deprimida porque tuve que dejar a mis hijos con Lalo y yo me sentía mal al enfermarme porque mi sobrina tenía que tomar la responsabilidad de cuidar de mí." Con miedo de que los doctores le cobraran más de lo que ella podía y asumiendo que ellos no hablaban español, Gracia pospuso el buscar tratamiento. Sin embargo, Gloria se preocupó a medida que Gracia se debilitaba más y se desganaba. Así que ella llevó a Gracia a una clínica que cobraba de acuerdo a la habilidad que el paciente tenía para pagar, y allí empleados que hablaban español curaron la infección de Gracia con antibióticos. En la clínica una trabajadora social aconsejó a Gracia a aplicar para vivienda pública y ayuda médica, esto la ayudó a traer a sus hijas a Minnesota en un año de su llegada.

Hoy Gracia disfruta de gran prosperidad y tiene esperanza de un futuro aún mejor pues ahora ella es residente legal de los Estados Unidos. Su segunda hija, Guadalupe, pudo patrocinar a Gracia para la residencia porque Guadalupe fue nacida en Texas, era ciudadana americana. Gracia recibió su tarjeta de seguro social y así pudo buscar trabajo legalmente. Ella ha trabajado varios años en una línea de producción en una planta procesadora de alimentos. Deseosa de ganar dinero para cosas adicionales, en su tiempo libre ella vende de puerta en puerta productos de limpieza para el hogar. Algunas noches ella cuida a su nieto mientras su mamá, Guadalupe, limpia oficinas.

Gracia y sus dos hijas menores, Jasmine y Lara, se están haciendo económicamente autosuficientes. Recientemente se mudaron de vivienda pública y compraron una pequeña casa de dos cuartos. Gracia está estudiando inglés, sabiendo que esto la va a ayudar a obtener trabajos limpiando casas privadas y eventualmente tener su propio negocio. Ella es una buena estudiante pero tiene poca confianza en sí misma. En sus 40's ella se preocupa de que tal vez está muy vieja para aprender. El venir a las clases es un problema a veces. Ella acostumbraba a esperar en la caseta fría de la transportación pública para ir a las clases de noche, que eran varias millas de su casa. Ahora las clases ofrecen en su vecindario, pero los horarios a veces confluyen con las horas en que ella tiene que cuidar a su nieto mientras Guadalupe trabaja.

Gracia disfruta de su prosperidad duramente ganada, pero ella siempre recuerda a la gente buena que la ayudó a ella y a sus hijos cuando ellos recién llegaron y sin dinero. "La gente me ayudó mucho en este país. Una organización me dio muebles, cuidado médico y dinero para mis hijos. Otras personas donaron ropa para mis hijas cuando ellas llegaron. Neighborhood House me dio comida y dinero pera pagar los recibos de la luz e interpretaron por mí. Otra organización me ayudó para aplicar al Servicio de Naturalización e Inmigración (INS). Yo no tengo nada malo que decir de este país en general y especialmente de Minnesota. Las personas me han ayudado aún cuando y no soy de los Estados Unidos. Créeme, estoy agradecida."

Y el resto de la familia de Gracia, Adriana, veinte-cuatro, se casó con un compañero americano del trabajo, quien la está patrocinando para la ciudadanía americana. El esposo de Adriana le ayuda a aprender suficiente inglés para que así ella pueda ir a un colegio técnico para actualizar sus habilidades de oficinista. Su ambición es trabajar como secretaria, como hizo en México. Actualmente, Adriana limpia oficinas. Las dos hijas más pequeñas de Gracia tienen amigos hispanos, hmong y americanos. Después de cuatro años en los EEUU, las dos están bilingues. Gracia les anima a que mantengan altas calificaciones, que perfeccionen el inglés y mantengan el español. Ella quiere que trabajen en compañías internacionales cuando crezcan. Marcos regresó a la Ciudad de México donde hace techos, una habilidad que aprendió en Texas. Él y Gracia se mantienen cerca mediante cartas y llamadas telefónicas semanales. Lalo está en la Ciudad de México, sólo y enfermo por el vino. Sus hijos no muestran ningún interés por él. Él continua rogándole a Gracia que regrese con él, pero ella dice que él es incapaz de preocuparse por alguien más que él mismo. Herida por el abuso de Lalo, Gracia no tiene ningún deseo de la compañía de un hombre. La respuesta que siempre le da a Lalo es la misma, "Yo no regreso contigo. ¡Definitivamente no¡ Si algún día regreso a México, es para vivir sólo con mis hijos."

Paula
El Atractivo De Las Buenas Escuelas

Cuando conocí a Paula por la primera vez, descubrí rápidamente que la educación es un elemento importante en su vida. Nuestra conversación se dirigió al tema de la enseñanza sólo algunos minutos después de que Paula me invitó a charlar dentro de la cocina de su chalé blanco y acogedor. Ella me confió que el atractivo de la educación de alta cualidad fue lo que le incitó a ella y a su esposo, Luis Benjamín, a dejar su casa cómoda, sus familias y sus carreras en Monterrey, México. Se mudaron a St. Paul para que Luis Benjamín pudiera perseguir una licenciatura de física en la Universidad de Minnesota. Paula explicó que los puestos disponibles en las universidades mexicanas son tan limitados que muchos solicitantes tienen que elegir un campo de estudios alternativo o matricularse en escuelas en el extranjero. Luis Benjamín, un especialista en la informática, quería perseguir una carrera en las ciencias, y eligió a Minnesota con el apoyo total de su esposa.

Paula mide menos de cinco pies de altura y es llenita. Lleva el pelo de color de carbón en una trenza gruesa que casi llega a la cintura. Sus ojos arrugados de tanto sonreír, sus gestos lentos y saludo aprobador que se hace con la cabeza le hace sentir a uno como estar entre amigos. Ella habla de su vida y su familia con una voz suave pero con confianza.

Paula es maestra. Ella y Luis Benjamín son profesionales de la clase media que entienden que los títulos avanzados les pueden ayudar a competir por trabajos en México y en el extranjero. "En las empresas mexicanas, un título de una universidad norteamericana es un paso hacia un acenso y salarios más altos," dice Paula categóricamente. "En México, hay mucho respeto por la educación norteamericana. Muchos mexicanos creen que las escuelas y las universidades norteamericanas tienen requisitos más duros que las mexicanas. Además, un título norteamericano es constancia de un buen dominio del inglés. Actualmente, Luis está estudiando el inglés académico para ponerse al nivel universitario. Pronto comenzará sus cursos de astronomía y el programa espacial."

"¿Cómo organizaron todo para poder vivir y estudiar aquí?" le pregunté.

"Luis trabaja para una empresa que exporta ropa deportiva a Latinoamérica. La empresa le contrató para traducir las comunicaciones de la empresa y diseñar los folletos para el departamento de comercio internacional." Mientras habla de las habilidades del inglés de su esposo, una sonrisa orgullosa forma hoyuelos en las mejillas de Paula. Paula asiste a una escuela de noche para mejorar su inglés vacilante, y entiende la dureza con que uno tiene que estudiar para adquirir un segundo idioma. A Luis le encanta estudiar. Cuando se conocieron hace cinco años, ya había conseguido su titulo de informática.

Cuando Paula y Luís Benjamín fueron presentados en la casa de unos amigos mutuos, descubrieron que habían crecido muy poco distancia el uno del otro. Luis había empezado a formar una carrera en la industria informática mexicana que estaba creciendo rápidamente, y Paula estaba en su noveno año como directora de una escuela para niños pequeños. Después de comprometerse, cada uno seguía viviendo con sus padres hasta el día de la boda, según las tradiciones. Muchas familias mexicanas esperan que los jóvenes se quedan en casa hasta que se casen, y la familia tradicional hispana es una familia extendida dentro de la cual pueden vivir tres o cuatro generaciones bajo el mismo techo.

Según otra tradición mexicana, los padres deben enseñar a sus hijos siendo buenos ejemplos. Los padres de Paula, Raúl y María Sánchez, son profesionistas de la clase media que han tenido éxito y que han enseñado a sus hijos el valor del trabajo duro y la educación. La madre de Paula es enfermera quirúrgica en un hospital importante, y su padre, un ingeniero, diseña toda clase de aparatos comerciales de calefacción, desde calderas de tamaño industrial hasta encubadoras de polluelos. La familia Sánchez vive en las afueras de Monterrey, México, un centro comercial de tres millones que extiende desde el pie de la Sierra Madre hasta el desierto del noreste del país.

Como muchos miembros de la clase media mexicana, los padres de Paula fueron de la primera generación para conseguir títulos universitarios y trasladarse del campo a una ciudad importante. Como profesionales, los padres de Paula ganan salarios que les permiten gozar de un nivel de vida más alto que lo de sus padres. La casa de la familia Sánchez, situada en una urbanización afluente, es una casa colonial estilo español de cuatro dormitorios con un tejado de tejas rojas y un jardín con un borde de rosales y manzanares. Durante la niñez de Paula, la familia viajó con frecuencia, muchas veces acompañándole al señor Sánchez en sus viajes de negocios a Corpus Christi, Texas y otras ciudades de EEUU.

Los padres de Paula les animaron a sus hijos a perseguir carreras profesionales. La hermana mayor de Paula, de veintiséis años, estudia ingeniería, y su hermano y su esposa son enfermeros. Paula siempre deseaba ser profesora. Ella terminó una carrera de dos años en la escuela de profesores de Monterrey. Después, trabajó durante una década como profesora y directora de una escuela preescolar de su pueblo natal. "Yo era la supervisora de una escuela preescolar de cuatro aulas del gobierno. Cada aula tenía un profesor y 32 estudiantes," explicó Paula. "Administrando tantos estudiantes era una responsabilidad grande. Las clases en las escuelas públicas mexicanas son grandes por necesidad. El gobierno tiene recursos limitados, y muchos padres no pueden pagar por la educación de sus hijos. Entonces, los salarios de los profesores son bajos. Después de diez años como supervisora, recibía sólo 600 pesos semanales. Son unos 70 dólares U.S. En los Estados Unidos, un trabajador sin especialidad puede ganar lo mismo en un día o dos. Pero, a pesar de los salarios bajos y mucho trabajo, la mayoría de los profesores mexicanos dan su mejor esfuerzo a sus estudiantes."

Aquí, en Minnesota, a Paula le alegra mucho que puede continuar trabajando con niños. Tiene una guardaría en su casa, allí cuida de bebes y niños, los hijos de amigas que son madres que trabajan. Paula se aprovecha de su experiencia como profesora para diseñar actividades para entretener y educar a los niños. Siempre buscando medios para mejorar su negocio, Paula obtuvo una licencia de puericultura del estado, un proceso que requiere una inspección de seguridad del hogar realizado por el departamento de bomberos y una investigación por un asistente social del estado. Además, Paula se graduó hace poco de un curso de puericultura que ofreció una organización de servicios sociales local.

A Paula le gusta tener su propia guardería porque puede ganar dinero y trabajar con niños y quedarse en casa con sus tres hijos preescolares a la vez. Observándola cuidando de los pequeños se nota los años como profesora profesional. Se ocupaba de las narices constipadas, los pedidos por refrescos y peleas por juguetes con calma, como una niñera siempre de buen humor.

Paula mencionó que su hijo mayor enterará su primer año de escuela. Le pregunté que opina de las escuelas en los Estados Unidos. "Las escuelas de Minnesota son muy buenas," dijo con una sonrisa. "En primer lugar, las clases son pequeñas comparadas con las de México. En México, puede haber hasta sesenta o setenta niños en una aula. Además, los educadores de los EEUU pueden experimentar con los métodos de enseñanza para satisfacer las necesidades de los estudiantes. Los estudiantes aquí trabajan con ordenadores y estudian la tecnología moderna además."

"¿Entonces el único motivo para trasladarse tan lejos al norte, a Minnesota, fueron las escuelas?", pregunté.

"Pues, la reputación de la universidad y la oferta de empleo que recibió mi esposo fueron factores importantes, pero otra razón porqué decidimos venir era porque los primos de Luis viven en St. Paul," explicó Paula. "No queremos vivir lejos de nuestros parientes. Nuestros hijos deben crecer conociendo a su familia. Cada fin de semana, visitamos con los primos de Luis y sus hijos casi, exactamente como lo haríamos si estuviéramos en México, y entre semana ellos vienen a visitarnos a nosotros."

"¿Qué es lo que hacen cuando están juntos?".

Paula hizo un gesto hacia las paredes de la cocina y los muebles recién pintados, "pues, ayudamos el uno al otro a arreglar las casas y los carros, y cuidamos de los niños del otro. Celebramos los cumpleaños y tenemos fiestas y barbacoas o simplemente visitamos."

¡Fiestas y barbacoas, celebraciones al estilo mexicano! Imaginaba el jardín bordado con geranios de Paula repleto de niños con ojos castaños corriendo en un barullo entre los parientes mayores. Paula me aseguró que las fiestas de su familia se parecen mucho a las fiestas mexicanas que conozco; los adultos charlan vigilando a los niños con un ojo y a la barbacoa con el otro, donde trozos finas de carne marinada, *carne asada*, chisporrotea sobre el carbón, perfumando el aire con velos fragantes de humo. Paula añadió que las celebraciones de su familia incluyen frijoles, salsa verde, tortillas, ensalada de nopal y jugos de fruta caseros.

"¿Cuántos años tienen sus sobrinos, Paula?"

"Déjame pensar," pausó para hacer algunas cuentas mentales. "En total hay catorce desde bebes hasta jóvenes en la escuela superior."

"¿Le gustaría que sus hijos asistieran a la escuela en Minnesota?", pregunté.

"¡Oh, sí!" ella gestó con entusiasmo. "Luis y yo queremos que los niños aprendan el inglés y la cultura norteamericana."

"¿Cree que puede haber problemas educando a sus hijos en escuelas norteamericanas?"

Paula vaciló antes de hablar. Noté que estaba escogiendo las palabras cuidadosamente. "Pues, sí. Cuando los niños hispanos asisten a escuelas públicas, muchas veces aprendan maneras de comportarse que no

coinciden con las que esperan los mexicanos de sus hijos. Eso puede
causar problemas dentro de la familia.
"Nuestros amigos se crían, sobre todo a las hijas, en una manera
estricta," explica. "Los padres mexicanos que conocemos no les permiten
tanta independencia a sus hijos como tienen muchos de los jóvenes en los
EEUU. Esto puede causar problemas. Por ejemplo, hace un año, un amigo
nuestro se trasladó aquí con su familia de México. Poco tiempo después,
empezó a tener problemas con sus hijas de catorce y quince años. Las
niñas le suplicaban para poder maquillarse y asistir a los bailes con sus
compañeros norteamericanos. Nuestro amigo estuvo poco dispuesto a
permitir que sus hijas hicieran estas cosas. En su familia, las niñas no
asisten a los bailes hasta que cumplen los dieciocho años y no usan
maquillaje sin el consentimiento de la madre. Las hijas de nuestro amigo
no querían aceptar una respuesta negativa. El discutir con los padres se
considera como una falta de respeto. Entonces, nuestro amigo envió a sus
hijas a México para vivir con sus abuelos durante las vacaciones del
verano. Todos le preguntaron, '¿porqué mandarles allí de vuelta? Acaban
de llegar.' Él dijo que las niñas se estaban volviendo rebeldes y que quería
que mostraran respeto y no quería que empezaran a participar en
actividades adultas demasiado temprano. Los jóvenes que juegan papeles
adultos antes de tener la madurez suficiente se meten en problemas. ¡Los
padres tienen que proteger a sus hijos!"
Le pregunté a Paula cómo se sentían las hijas de su amigo al ser
mandadas de vuelta a México para vivir con sus abuelos. ¿No fue difícil
la separación para ellas y para los padres?
"Sí, se echaban mucho de menos," reconoció Paula, "pero
tradicionalmente los niños mexicanos tienen una relación cerca con los
abuelos, los padrinos y los tíos. Las niñas están bien, se sientan como en
casa. Sin embargo, volver a vivir con reglas tan estrictas otra vez no les
contenta. Aquí probaron como es ser libre, pero sus abuelos y los demás
adultos en sus vidas exigirán que estudian, vuelvan temprano a la casa y
ayudan en la casa. De esa manera, son las tradiciones mexicanas y las
familias son las que imponen las normas. Las tradiciones minimizan los
problemas entre los padres y los hijos. Aquí en los EEUU, los padres no
tienen esta clase de apoyo fuera de la comunidad hispana."
Me quedé sorprendida cuando Paula anunció que ella y Luis
Benjamín empezaron a considerar quedándose en Minnesota, a pesar del
trabajo difícil de criar a sus hijos en una cultura extranjera. "El vivir en
los EEUU tiene ventajas, hay mucho trabajo, la economía está fuerte, y
las escuelas son excelentes," explicó Paula. "Y con respecto a la

discriminación, no tengo ninguna queja sobre como me han tratado aquí. Todos han sido simpáticos: los empleados en la consulta médica, nuestros vecinos, el sacerdote de nuestra iglesia. ¡Todos!" Paula pausó para pensar mientras miraba a los niños jugando con una finca sobre la alfombra. "Tenemos una vida agradable aquí, y podemos construir un futuro mejor."

Consuelo
Viviendo en Medio de la Raza

Los ojos de Consuelo, perfilados color carbón, se arrugan cuando sus labios anchos y marrones se separan con una sonrisa amable. Esta madre soltera de cuarenta y pico años le da mucha gracia mis presunciones de porque vino a los EEUU junto con su familia. Consuelo se tiene que reír cuando le pregunto si su familia había dejado México porque su finca no podía mantener a todos los dieciséis. "¡No vinimos a este país porque nos estabamos muriendo de hambre, nooooo!" Ella alarga la palabra en protesta fingida. "Vinimos porque teníamos curiosidad sobre los Estados Unidos. Ocurrió así, mis cuatros hermanos mayores vinieron primero. Cruzaron el río en 1971, y viajaron a Minneapolis," continua desapasionadamente. "Dos se casaron con mexico-americanas y dos se casaron con gringas. Dentro de un año, mis hermanos patrocinaron a mis padres quienes patrocinaron a los demás hijos uno tras uno. Organizaron todo mediante el Consulado Norteamericano.

"En el principio, no quise quedarme aquí. Tenía sólo dieciséis años cuando mis padres me trajeron. Conocí los EEUU a través de películas y revistas, y tenía curiosidad para ver a este país, pero no tenía ningún anhelo para vivir en los EEUU.

"Quería quedarme en nuestro pequeño rancho al sur de Guadalajara. Es un lugar fabuloso en donde vivir. El clima es tan suave que podíamos cultivar casi todo lo que comíamos: pollos, terneras, maíz, garbanzos, naranjas, tomates…¡Dos cosechas al año! Había muchos pasatiempos interesantes. Montaba nuestros caballos y asistía a una pequeña escuela rural. A veces pasaban los gitanos y enseñaban películas en sabanas colgadas en los árboles las cuales usaban como pantallas. Les pagábamos un par de pesos por verlas. Mis padres y todos los vecinos organizaron fiestas para celebrar bautizos, bodas y quinceñeras, etc. Habían piñatas, bailes y fuegos artificiales. Mis dos hermanas menores y yo siempre llegábamos juntas. Nos parecíamos tanto que podríamos haber sido trillizas. En vez de llamarnos por nuestros nombres cristianos, los vecinos siempre anunciaban nuestra llegada con, '¡Aquí vienen los tres Orozcos!' Pues, eso fue hace veintiséis años. Ahora, mi hermana mayor y su esposo mantienen el rancho. Todos los demás viven en las Ciudades Gemelas o en Chicago.

"Cuando mis padres, mis hermanas y yo llegamos a Minneapolis en 1971, no había una comunidad mexicana tan grande como hoy en día. Casi nadie hablaba español. Nos sentíamos que no pertenecíamos.

"Luego de un año, la familia entera se trasladó a Chicago para vivir entre *la raza* (gente mexicana). La vida fue más fácil en Chicago porque hablaban español y había negocios, iglesias y restaurantes mexicanos por toda la ciudad," Consuelo explica el atractivo de la Ciudad del Viento con un ritmo alegre en su voz contra alta. "Durante los años setenta y ochenta, había mucho trabajo en las fabricas de Chicago. Conseguí un trabajo fácilmente porque tenía experiencia. Desde que tenía ocho años había trabajado en nuestro rancho y en otros sitios. Por veinte años, operé una prensa troqueladora e hice trabajos de montaje en Chicago. Estuvo bien. A mí me conviene el trabajo de fabrica.

"Me casé dos veces en Chicago, y cada matrimonio duró diez años. Mi primer esposo fue un hombre muy severo. Él es el padre de mi hijo de veintitrés años. Algunos años después de divorciarme, me casé otra vez. ¡Mi segundo esposo nunca debió de haberse casado con nadie! Sólo pensaba en sí mismo. ¡Cada año por seis meses me dejaba sola a mí y a mis hijos mientras se quedaba con su hermana en México! Se negaba a llevarnos con él y no estuvo aquí cuando nació mi primera hija. Después de dar luz, volví a trabajar inmediatamente porque con mi salario mantenía a mis hijos. Mi esposo se encontraba en México cuando nació nuestra segunda hija. Después de un tiempo, me dije, '¡basta! Este hombre no vale el sufrimiento que me da.' Decidí que jamás volvería a soportar el comportamiento irresponsable de un hombre. Le dejé, y he estado soltera desde entonces.

"Tuve una buena vida en Chicago, pues tuve suerte que podía mantener a mis hijos sin un hombre. Durante mis últimos seis años allí, trabajé en la línea de montaje de una fabrica de llaveros de plásticos utilizados por los hoteles, y el jefe me permitió trabajar un horario flexible. A mis dos hijos menores los cuidó una amiga en su casa por sólo $40 por semana. Y al surgir algún problema siempre podía acudir a mis padres o mis hermanos.

"A principios de los años noventa, en Chicago ya había mucha gente y el ritmo de vida era demasiado ajetreado para mí y mi familia. Nuestros amigos nos dijeron que la comunidad mexicana en Minnesota había crecido mucho desde los años setenta. Entonces nos trasladamos todos a St. Paul: mis padres, mis doce hermanos y sus familias. ¡Todos! Eso resultó ser una buena idea. Minnesota es más tranquilo; hay menos crimen y los precios son más bajos.

"Pero mi buena suerte se desvaneció en St. Paul. Cogí una pulmonía en 1993 y he estado enferma desde entonces. Siempre estoy mareada, me duelen los oídos, me tiemblan las piernas y me siento insegura como si me fuera a caer. Los médicos me cambian los medicamentos cada mes y pico esperando que uno me cure. Algunos medicamentos me ponen aún más enferma," la sonrisa duradera de Consuelo desaparece lentamente, las pequeñas arrugas se intensifican alrededor de sus ojos y parecen grabadas en su frente.

"Aunque quiero trabajar, ahora no puedo. Es humillante. ¡Llevo toda la vida trabajando! No puedo hacer las cosas que hacía antes. No puedo conducir porque siempre estoy mareada. Tampoco leo mucho porque es difícil concentrarme. Le pregunto a los médicos, '¿Y siempre estaré así?' Ellos miran fijamente en los expedientes y las radiografías, y me alaban por tener tanta paciencia, pero no me contestan. ¡Tengo miedo!

"Intento controlar mis temores. Me mantengo ocupada. Aunque estoy débil para tener un empleo, no quiero quedarme sentada sin hacer nada. Entonces, los días en que me encuentro mejor, trabajo como voluntaria en la escuela de mi hija.

"Paso mucho tiempo con mis propios hijos también. Ser un buen padre es el trabajo más importante que uno puede hacer. ¿No crees? Los padres deben ser buenos ejemplos para sus hijos y enseñarles como ser simpáticos y responsables. Mis hijas y yo hablamos mucho sobre lo qué es correcto y no. Esto les ayuda a tomar buenas decisiones. Si los padres no enseñan a los niños, ¿quién lo hará?"

La voz de Consuelo tiene un indicio de orgullo justificado mientras habla de sus hijos. Su hijo, Gilberto, está felizmente casado y le dio su primer nieto a Consuelo. Gilberto, quien comparte la preferencia de su madre por el trabajo de fabrica, está en su quinto año trabajando en la línea de montaje de una pequeña fabrica cerca de Chaska. Las hijas de Consuelo, Michelle y Elisa, heredaron la sonrisa amplia de su madre y su buen humor. Se sienten orgullosas que su madre conoce a los profesores y trabaja como voluntaria en su escuela primaria.

Consuelo ha tenido que depender de la asistencia pública para mantener a sus hijas desde que empeoró su salud. Los beneficios del gobierno le proporcionan unos ingresos exiguos, mucho menos que su salario previo. Por suerte en un apuro ella sabe como estirar un peso, y recibe ayuda de sus parientes que viven cerca. Al final de todos los meses la dispensa parece vacía, pero ella sobrevive.

Consuelo se preocupa que el gobierno podría recortar o eliminar sus beneficios porque no es ciudadana de los EEUU. Consuelo es residente extranjera, un estado permanente que le permite la mayoría de los derechos y responsabilidades de un ciudadano. Recientemente, los sentimientos anti-inmigrante y las preocupaciones sobre los gastos de asistencia publica han tenido influencia sobre el gobierno para que retiren o recorten ayuda esencial a los residentes extranjeros. Sin embargo, Consuelo cree que ha ganado la ayuda que recibe del gobierno porque ha estado trabajando y pagando impuestos estatales y federales durante más de veinte años. El asistente social de Consuelo le asegura que no tiene que preocuparse por el momento. Según la ley actual, las hijas menores de Consuelo recibirán asistencia pública porque nacieron en los Estados Unidos. Sin embargo, nadie está seguro como estarán enmendadas o interpretadas las nuevas leyes que afectan a los residentes legales en el futuro.

Consuelo está trabajando para conseguir la ciudadanía norteamericana para protegerse de los futuros recortes de presupuesto en caso de que no se recupere. Le pregunté la razón porqué nunca intentó conseguir la ciudadanía durante los veintiséis años que ha estado en los EEUU "No hacía falta," explica. "Como residente legal, tenía el derecho a trabajar y vivir aquí."

Otra razón porqué Consuelo no se ha convertido en ciudadano es por su falta de conocimientos del inglés. Dan el examen de ciudadanía en inglés. Las únicas excepciones son para los ancianos que llevan muchos años en los EEUU y para personas que no pueden perfeccionar el inglés debido a alguna incapacidad. A Consuelo no le hacía falta saber mucho inglés como siempre vivía en comunidades mayormente hispanas. Ella puede entender casi todo lo que escucha, pero no puede hablar ni leer ni escribir el idioma lo suficiente para aprobar el examen de ciudadanía. Por meses ha estado asistiendo fielmente a clases gratis en el barrio del oeste, pero su enfermedad le da mareos y dificulta la concentración. El fallecimiento inesperado de su madre debido a una enfermedad cardiaca en principios de 1997 le dio una depresión que retrasó aún más sus progresos. Hoy en día, la preocupación por su padre quien está limitado a una silla de ruedas debido a la diabetes la tiene distraída. Pero, se aplica a los estudios.

Consuelo llegó a los Estados Unidos de mal grado. Pero con el tiempo, ella encontró su nicho en la sociedad norteamericana. Ella ha aportado al bienestar de nuestro país pagando impuestos, trabajando y siendo una madre responsable.

El nombre español Consuelo significa consuelo. Aunque una enfermedad crónica limita sus actividades, Consuelo encuentra consuelo criando a sus hijos, trabajando como voluntaria y rezando para que se recupere pronto y pueda volver a trabajar.

Mara y Jesse
Vinimos a salvar nuestro matrimonio

"Mi marido, Jesse, y yo viajamos por tres noches para llegar a Minnesota. Venimos con un grupo de jóvenes que también se dirigían al norte. Había una mujer de diecinueve años que iba a vivir con unos parientes en St. Paul y tres muchachos adolescentes que tenían amigos y trabajos esperándoles en Shakopee. Los otros dos eran recién casados que iban a Northfield. Todos salimos de Cuernavaca antes del atardecer del diecinueve de febrero de 1988. Habíamos sacado nuestro dinero para contratar a un coyote que nos llevara al norte. Un coyote es una persona que contratas para ayudarte a cruzar la frontera. Me sentí incómoda teniendo que depender de un coyote. Algunos coyotes roban a sus clientes y los dejan varados en pueblos fronterizos. Otros violan a mujeres que viajan solas. Sin embargo, si tú no has cruzado antes, necesitas a un guía y a alguien que te ayude a evitar las patrullas fronterizas. ¡Así que, nosotros ocho viajamos juntos para protegernos del coyote que se suponía que iba a protegernos! Nuestro coyote nos iba a pasar al otro lado de la frontera y después su socio nos iba a encontrar en Arizona para conducirnos a Phoenix. En Phoenix, reclamaríamos los boletos de avión que nuestros familiares y amigos en Minnesota habían reservado para nosotros en nuestros nombres.

"Nuestro coyote era barrigón y no hablaba mucho. Nos condujo 600 millas en la autopista 15 a lo largo de la costa del pacífico. Llegamos a la frontera en dos días. En Nogales, el coyote exploró la autopista en busca de patrullas fronterizas mientras nosotros nos agachamos en cuclillas escondidos entre los asientos de su camioneta. Estábamos tan tensos como los corredores que esperan oír el tiro de salida.

"Cuando el coyote dijo que nuestro camino estaba libre, cruzamos corriendo esa ancha autopista como maníacos, atravesándonos diagonalmente a los autos que venían para que las patrullas de tráfico no pudieran echarse en reversa y cogernos. Los carros y camionetas venían hacia nosotros a 50-60-70 millas por hora. Su velocidad me dio mareo. Estaba aterrorizada de que nos fueran a atropellar.

"Pero todos cruzamos a Arizona ilesos, gracias a Dios. Encontramos el parque en donde teníamos que buscar al socio del coyote que estaba en su vehículo de campamento que era un autobús de escuela. Estábamos descansando en un área verde a la sombra cuando vimos a un policía fronterizo acercándose a nosotros. Por supuesto que todos estallamos en pánico y empezamos a correr para alejarnos. Jesse fue uno de los primeros que atraparon porque se quedó atrás para ayudar a los recién casados con sus maletas gordas. Bueno, la policía rápidamente nos capturó a todos, nos puso en su camioneta bajo cerraduras y nos condujo a las oficinas generales de inmigración. Inmigración nos cuestionó y después nos puso a todos, excepto a Jesse, en un autobús. En cuestión de minutos, los oficiales nos habían aventado de regreso a México.

"Estaba tan asustada por Jesse, que pensé que mi corazón iba a detenerse. No sabía porque lo habían detenido. ¡Hasta hoy, no lo sé! Tal vez lo detuvieron porque era el único de nosotros mayor de veintiún años. Temía por lo que inmigración le podría hacer. Desconfiaba de todos los oficiales que representaban a la ley debido a la mala reputación de la policía mexicana. Te levantan falsos cargos y demandan infracciones y sobornos antes de que te dejen ir. Algunas veces hasta torturan a sus prisioneros. Yo pensaba que inmigración era igual, y no podía hacer nada para ayudar a Jesse.

"Todo lo que podía hacer era estar con los otros y buscar en las calles de Nogales al coyote que nos condujo allá. Por suerte lo encontramos. Mientras nos llevaba de regreso hacía la frontera, nos amontonamos en el piso de la camioneta y discutíamos nuestro próximo movimiento. Todos estabamos cansados y acalambrados, y no habíamos comido desde el día anterior. Nos estacionamos y esperamos a Jesse. El coyote nos aseguró que inmigración lo dejaría libre. ¡Pero después de una hora, los tres jóvenes estaban cansados de la espera y exigieron que cruzáramos la frontera sin Jesse!

"¡Insistí que esperáramos a Jesse! Yo tenía fuertes argumentos en mi favor. Primero, era sólo el medio día y no teníamos que encontrarnos con el segundo coyote hasta la media tarde. Además todos habíamos estado de acuerdo en viajar juntos, y habíamos acordado en pagar al coyote una cierta cantidad cada uno de nosotros cuando llegáramos a Phoenix. Por supuesto, el coyote estaba de mí lado porque si uno de nosotros se quedaba atrás el recibiría menos dinero. Después de mucha discusión, convencí a esos hombres jóvenes que era lo correcto esperar a Jesse.

"Así que nos sentamos, sudando, debajo del sol del medio día por dos horas. Estábamos cansados y hambrientos. No nos habíamos bañado por tres días, y no había un sitio para ir al baño. Traté de decidir que hacer si Jesse no volvía. Sentí que se iba acumulando resentimiento en los otros mientras esperábamos.

"Entonces un poco después de las tres, oímos a alguien corriendo, y Jesse se subió gateando. Casi me desmayé al alivio de verlo sin daño alguno, pero no había tiempo de darse a la emoción. Otra vez, el coyote exploró buscando guardias fronterizos y nos señaló que el camino estaba libre. Como antes, atravesamos la autopista, rogándole a Dios y todos los santos que nos protegieran."

Escuché a Mara contar su historia de migración en su casa en el jardín posterior en un sábado soleado. La historia de Mara, de coyotes matones y mexicanos que atraviesan la autopista como bravos matadores en una plaza de toros contrastaba con la callada y tranquila mañana de su vecindario en West St. Paul. Había tocado el timbre de su puerta a las nueve de la mañana. La familia de Mara estaba durmiendo todavía así que sugirió que habláramos afuera para evitar despertarlos. Cuando Mara me condujo a través de su casa hacia la puerta posterior, pasamos un sofá gastado y relleno en exceso. Nuestra Señora de Guadalupe (patrona de México) serenamente nos contempló desde el cafesozo papel tapiz. Una pantalla grande de televisión murmuró en el rincón.

Nos posamos en el porche posterior, y miré los jardines alrededor. El vecino de Mara, al otro lado de su casa, había hecho una gruta sosteniendo una tina de porcelana en su cama de geranios. La plomería de blanca abrigaba la estatua de la Virgen y parecía un quiosco de músico miniatura. En el callejón, alguien componía el motor oxidado de una mini camioneta. Todo lo que podía ver eran sus jeans y botas vaqueras que salían debajo del cofre. Debilmente, un Tex-Mex vals se oía a través de una ventana abierta. De pronto, se azotó el mosquitero de una puerta interrumpiendo la mañana calmada. Una mujer rubia y un hombre con apariencia latina salieron de un bungalo de la época de los 30s llevando una taza de café en la mano. Mientras se relajaban en unas sillas de jardín, saludaron a una mujer de cabello negro con sus dos niños pequeños vestidos en pijamas que inspeccionaban un parche de petunias del tamaño de una estampa.

Mara trajo dos sillas de cromo y plástico de la cocina debajo de la sombre de un olmo que dominaba su jardín y me ofreció que me sentara. Mara debe tener cerca de treinta años, y una capa densa negra de cabello delínea su cara redonda. Su piel es permanentemente bronceada. Se disculpó por recibirme en jeans y una playera arrugada, explicando que ella y su familia generalmente duermen hasta media mañana porque ella, su esposo y su hermana trabajan hasta la media noche.

Inmediatamente, Mara empezó a hablar acerca de las desgracias que la llevaron a ella y a su esposo a inmigrar a los Estados Unidos. Hay un poco de una niña tímida en el tono de voz de Mara, sin embargo, ella habla con la certeza de una mujer que ha aprendido a confiar en sí misma. "Jesse y yo decidimos empezar una nueva vida en Minnesota porque habíamos caído en una situación que estaba matando nuestro matrimonio. Eramos jóvenes y humildes, teníamos a un bebé que mantener, y la mala economía en México nos había robado la esperanza de sobrevivir en nuestro propio país."

"¿Usted y Jesse crecieron siendo pobres?" Pregunté.

"Ninguna de nuestras familias había tenido mucho dinero, pero la íbamos pasando," explicó. "Tengo siete hermanos. Crecimos en Cuernavaca, a una hora y media de la Ciudad de México. Es una ciudad de 100,000 habitantes más o menos. Cuando era chica, vivíamos amontonados en un apartamento de un complejo habitacional. ¡Compartíamos el baño y los lavaderos con otras nueve familias! Nuestro apartamento era tan pequeño que mis cuatro hermanos dormían juntos en una cama y mis dos hermanas y yo dormíamos en otra.

"Pero cuando cumplí diez años, mis papás compraron una cómoda casa de tres recámaras. Eso nos trajo de vuelta al mundo. Ya no teníamos que pagar renta, y teníamos nuestro propio baño y un pequeño patio con una lavadora y un árbol de higos."

Mara se disculpó, se metió en la casa y regresó con una foto. "Este es mi papá en frente de la casa," me dio la foto. Ví a un hombre fornido y muy tieso posando en un estilizado traje de mariachi con un sombrero de ala ancha, una chaqueta estilo bolero y pantalones adornados con botones de plata. "Mi papá toca el violín, la trompeta y la guitarra," Mara continuó diciendo con orgullo. "Su banda de ocho integrantes toca en fiestas y restaurantes. Por unos cuantos pesos, la gente solicita sus canciones favoritas. Me encantaba cantar con él: *Dos Arbolitos*, *Tú, Sólo Tú*, todas las canciones tradicionales. Mi mamá siempre ha sido una ama de casa. Ahora que mis hermanos, hermanas y yo estamos grandes, mi mamá todavía nos da consejos, y sabemos que ella está allí si necesitamos un favor. Mi mamá es verdaderamente el pilar de nuestra familia.

"Mis padres nos enviaron a todos a la escuela aún cuando no tenían mucho dinero. Me volvía loca por aprender desde que era pequeña. El director de la escuela frecuentemente me escogía para que fuera la abanderada durante los desfiles; sólo los mejores estudiantes tenían ese honor. Todos marchábamos en el patio de la escuela el día de la Independencia de México, el Cinco de Mayo, etc. Nuestros padres venían a vernos. Me sentía muy orgullosa siendo la abanderada porque amo a México."

Mara se detuvo por un momento mirando al auto Ford Bronco 89 que estaba estacionado a lo largo de su cochera. "Cuando entré a la preparatoria, soñaba en que iba a llegar a ser abogada. Quería trabajar por la justicia para todos, pero mi papá me dijo que el no podía desperdiciar su dinero en una carrera muy costosa para una chica, 'Si tú estudiaras leyes, me sacrificaría por pagar la preparatoria y la universidad; después tú solamente te casarías. Escoge una carrera que puedas aprender en la preparatoria.' Mi papá es estricto, y tú no discutes con él, así que escogí una carrera comercial en lugar de leyes. En esa carerra se gana mucho menos que en la carrera de contaduría que se estudia en la universidad. Aún así, hice lo mejor que pude. Me gané una beca para el primer trimestre, y obtuve experiencia a través de dos servicios sociales; uno en una estación de radio y el otro en una firma de abogados. Conocí a mi esposo, Jesse, a través de un compañero de trabajo durante mis servicios sociales.

"Después que me gradué, encontré un trabajo en la Ciudad de México y me mudé a la casa de mi hermana casada. Para entonces, Jesse y yo nos teníamos mucho cariño. No queríamos estar separados así que el encontró un trabajo en la compañía de crédito donde yo trabajaba, él rentó un cuarto con un amigo de su pueblo.

"Jesse vendía talones de cupones de descuento para renta de autos y restaurantes. Yo mantenía el registro de ventas. Todos los vendedores me reportaban sus ganancias, y Jesse también. Eso nos trajo problemas. Cuando mi jefe vió a Jesse hablándome en mi pequeña oficina, él sospechó que yo estaba dándole información acerca del negocio. ¿Por qué habría yo de hacer eso y causarme problemas a mi misma? Nunca le había dado motivo a mi jefe para dudar de mí. Me sentí incómoda con su actitud sospechosa, así que renuncié a mi trabajo de auxiliar de contador, y me uní al grupo de ventas de Jesse. Cada día nuestro grupo se dividía en parejas. Nos acercábamos a un cliente prospecto en centros comerciales, afuera de edificios de oficinas y bancos. Me gustaban las ventas y trabajar con las otras personas jóvenes de nuestro equipo. Lo único malo del trabajo era el calor y la contaminación de la Ciudad de México que con frecuencia hacía el trabajo en la calle intolerable. ¡Algunos días, el aire se sentía como algodón seco en mi garganta!

"Al final del primer año en la Ciudad de México, el compañero de cuarto de Jesse se regresó a Cuernavaca, y yo me mudé con Jesse. No lo dijimos nada a nuestros padres, por supuesto. ¡Mi papá habría explotado como un volcán si hubiera sabido! Él es muy tradicional y piensa que los jóvenes deben vivir con sus familias hasta que se casan. Pero yo no creo que eso es siempre lo mejor. Jesse y yo no estábamos haciendo nada malo por vivir juntos. Yo quería estar segura que Jesse y yo éramos compatibles. He visto matrimonios desbaratarse por discusiones e interferencias familiares. Quería evitar un error que terminara en divorcio.

"Además, Jesse y yo estábamos muy felices aún cuando sobrevivimos de casi nada. La hermana menor de Jesse tenía cáncer, y como la familia de Jesse no podía pagar el tratamiento médico nosotros les ayudábamos. Escatimábamos cada centavo y comíamos comida barata, como sandwiches y mandábamos cada peso extra a sus padres.

"Jesse y yo habíamos vivido juntos por casi un año cuando me embaracé," Mara encorvó estoicamente sus hombros. "Estaba aterrorizada de decirle a mi padre. Es tan cerrado que mis hermanos no pueden hablar con él acerca de temas polémicos. Pero le dije a mi papá que yo quería vivir con Jesse antes de que nos casáramos porque tenía miedo de que los votos matrimoniales son finales. Le expliqué también que no había podido guardar dinero para una boda tradicional con muchos invitados debido a la enfermedad de la hermana de Jesse. Pero nada de eso le importó a mi padre cuando escuchó que estaba esperando un bebé. Me dijo que si dejaba su casa sin casarme nunca más volvería a regresar. ¡Nunca!

"Así que Jesse y yo nos casamos un mes más tarde. Como no teníamos dinero, tuvimos que vivir con la familia de Jesse en Cuernavaca. Jesse trabajaba en el negocio de cerrajería de su padre, pero sólo ganaba cinco pesos al día. Eso es un poquito más de un dólar americano. No era suficiente para mantener a una familia en México.

"No me gustaba vivir con la familia de Jesse. Jesse y yo no teníamos intimidad. ¡Vivíamos siete personas en un apartamento! Además la familia de Jesse no tenía suficiente comida. Yo necesitaba comer bien durante mi embarazo y después para alimentar a mi hija. Así que seguido comía la comida principal del día con mis padres y mis hermanos. ¡Mi suegra realmente resentía eso! Refunfañaba que yo era muy orgullosa para comer en su casa.

"Empecé a estar muy nerviosa acerca de nuestra situación cuando mi suegro empezó a llevar a Jesse a los bares después del trabajo. Escasamente veía a mi marido. Los dos regresaban medio borrachos a la una o dos de la madrugada. Algunas noches mis suegros discutían muy ruidosamente y en algunas ocasiones él le pegaba a ella. ¡La violencia me asustaba! Después Jesse empezaba esas horribles disputas conmigo e incluso una noche me pegó." Mara se sobó la frente como queriendo borrar las memorias dolorosas. "Pensé en dejar a Jesse," ella continuó. "Pude haber tomado nuestro bebé, Ana Laura, y mudarnos con mis padres. La puerta estaba siempre abierta para mí.

"Después un día, mi hermano mayor, Lorenzo, me llamó a la casa de mis padres. Mi mamá le había dicho de nuestros problemas. Lorenzo trabaja en un restaurante en Minneapolis, y él siempre me había cuidado cuando estábamos creciendo. El me dijo, '¿por qué no tú y Jesse se mudan a Minnesota y empiezan una nueva vida?'" Los ojos cafés de Mara se abrieron muy anchos como si estuviera sorprendida oyendo la sugerencia de su hermano.

"¿Nunca antes habías pensado en mudarte a los Estados Unidos?" yo pregunté.

"¡Nunca! ¡Amo a México y me gusta vivir cerca de mi familia! Pero me importaba Jesse. A pesar de todos nuestros problemas, lo amaba y quería estar con él," ella dijo apasionadamente.

"Así que Jesse y yo hablamos. Lorenzo nos había asegurado que en Minnesota podríamos ganar suficiente para vivir, y acordamos que íbamos a estar mejor viviendo lejos de interferencias familiares.

"Mi hermano sabía de una fábrica en donde Jesse podría trabajar, y el amigo de Lorenzo que limpia casas arregló un trabajo de nana para mí. Lo malo es que no podíamos traer a la bebé con nosotros cuando cruzáramos la frontera, y mi trabajo no me hubiera permitido cuidar de ella. Afortunadamente mis padres me ofrecieron cuidar de Ana Lara hasta que nos estableciéramos en St. Paul. Salimos de Cuernavaca sólo unas semanas después de la llamada de Lorenzo. No vi a mi bebé por dos años. Ansiaba a Ana Lara. No podía dormir porque la extrañaba. Muchas noches empapé mi almohada con lagrimas."

Apreté la mano de Mara, "no puedo imaginar que dolorosa esa separación ha de haber sido."

"También fue muy duro para Ana Lara," Mara señaló. "Cuando ella llegó, nosotros parecíamos extraños para ella. Tenía que empezar a conocernos otra vez, pero ahora ya se ha ajustado, gracias a Dios. Está en la escuela primaria, y le gusta tanto la escuela como me gustaba a mí cuando estaba chica."

"Mara, usted dijo que no pudo traer a Ana Lara con usted cuando cruzó la frontera. Dígame acerca de su viaje de Phoenix a St. Paul."

"Fue un milagro que todos cruzamos la autopista ilesos la segunda vez que pasamos corriendo y que el socio del coyote nos estaba esperando en el parque. Abordamos su camper desvencijada y nos escondimos en el piso durante las tres horas de viaje a Phoenix. Durante el viaje, el coyote nos advirtió que nos separáramos cuando viajáramos a través de la ciudad y cuando camináramos en el aeropuerto. Dijo que no debíamos hacer nada que pudiera atraer atención para evitar ser capturados. Así que nos separamos y tomamos tres taxis por separado al aeropuerto. Sin embargo, en el terminal estabamos tan asustados de perder a algunos, que cuando reclamamos nuestros boletos y buscamos nuestra sala de abordar, caminamos en una sola fila cerca unos de otros." Mara se rió entre dientes, "¡Nos hemos de haber visto como una familia de patos!

"Durante nuestro viaje a Minneapolis, traté de imaginarme como sería el invierno," Mara continuó. "Lorenzo me había dicho que los inviernos en Minnesota eran muy fríos. Recordé algunas escenas que había visto en la televisión y pensé si "muy frío" sería como estar dentro del refrigerador. Nuestro avión se acercó al aeropuerto, y el aterrizaje pareció como una adorable foto en blanco y negro. Las luces de la calle brillaban como estrellas, hermosas y pacíficas. ¡Pero cuando salimos de la terminal, el aire helado me hizo quedarme boquiabierta! ¡Se metió en mis ropas ligeras y me mordió!"

La puerta mosquitero rechinó interrumpiendo los recuerdos de Mara. Un hombre robusto de 30 años aproximadamente bajó por las escaleras traseras cargando a un bebé. Cogiéndose de atrás de él iba una niña de diez años más o menos, Ana Lara, asumí. Mara me presentó a su familia mientras Mara y Jesse intercambiaban sonrisas. Arrimó a Ana Lara cerca de ella y la niña se sonrió tímidamente inclinándose en el regazo de su mamá. Mara tomó el bebé vestido en pijama, de los brazos de Jesse, "¿Nuestro Rafael apenas está despertando, verdad corazón?" Jesse intercambió unas cuantas bromas con nosotros y después fue a arreglar un tubo que estaba goteando en el sótano.

Regresé al tema de su migración. "¿Así que cómo ha encontrado la vida en Minnesota?"

"¡Fue difícil cuando primero llegamos! En nuestros trabajos sólo nos pagan cinco o seis dólares la hora. Vivíamos con mi hermano para ahorrar dinero y comprar un carro. Hace poco recibimos nuestras tarjetas de residentes que nos ayudaron para obtener mejores trabajos. Ahora, cada uno gana diez dólares la hora y tenemos seguro médico también."

"¿Usted y Jesse han tenido problemas para encontrar trabajo en Minnesota?" pregunté.

"¡Nunca!" El cabello de Mara se deslizó sobre sus mejillas como alas oscuras mientras meneaba su cabeza enfatizando con una negativa. "Hay cantidad de trabajos que los Americanos no quieren, salarios bajos con prestaciones. Inmigrantes Mexicanos generalmente toman esos empleos. A las compañías Americanas les gustan los Mexicanos, ellos saben que son buenos trabajadores. Yo limpiaba cuartos de hotel. Todos los trabajadores de limpieza éramos latinos. El gerente del hotel prefiere contratar latinos porque sabe que trabajamos duro; pero estoy segura que él sospechaba que trabajamos ilegalmente y que él también podía aprovecharse de eso. Él continuaba incrementando nuestras responsabilidades. Sabía que no nos quejaríamos ni renunciaríamos porque teníamos miedo porque no conocíamos la cultura ni hablábamos inglés. Ganábamos $5.25 la hora, y ninguno recibíamos seguro médico ni ninguna otra prestación."

Mara habló sinceramente, sus ojos veían los míos. "Me siento mal de que algunos Americanos no nos quieran a los Mexicanos. Ellos creen que venimos aquí a los Estados Unidos a robar empleos de los trabajadores Americanos, pero nosotros no venimos a causar problemas. ¡Venimos a escapar de la pobreza de nuestro propio país!" Mara suspiró cansadamente, "me gustaría preguntarle a esos que hablan en contra de los inmigrantes que harían ellos si tuvieran que luchar en México como lo hicimos nosotros. ¿Qué harían ellos si vivieran en la pobreza sin esperanza de ganar suficiente dinero para mantener a sus familias? ¿Se sentarían con los brazos cruzados a morirse de hambre, o harían lo que pudieran para ayudarse a si mismos?

"Cuando Jesse y yo estábamos viviendo aquí sin papeles, nos preocupábamos contínuamente de lo que nos podría pasar." Mirando de reojo a su hija que estaba coloreando en el porche, Mara me confió, "cuando inscribí a Ana Lara en la escuela, recé que nadie fuera a saber que éramos ilegales y que nos fueran a reportar. Jesse y yo siempre estábamos mirándonos las espaldas. Temíamos que inmigración fuera a visitar nuestros sitios de trabajo y que nos deportaran. ¡Jesse y yo queríamos arreglar esta casa, pero sabíamos que era más sabio guardar nuestro dinero porque si éramos deportados, perderíamos la casa, los muebles, nuestro carro, todo! Otra cosa, no podíamos tomar entrenamiento para una carrera o clases de inglés en una universidad pública o escuela vocacional porque se necesita un número de seguro social para inscribirte. Cuando éramos ilegales, no nos podíamos mover ni para delante ni para atrás. ¡Aquí, nuestra posición era muy ambivalente, y si hubiéramos regresado a México nos hubiéramos muerto de hambre! La economía Mexicana ha sido tan mala que aún trabajos humildes son difíciles de encontrar."

Mara pausó por un momento cambiando al pequeño Rafael en su regazo. Mandó a Ana Lara a traer un biberón con fórmula. "Pero ahora somos libres para construir un futuro. Asistí a clases de inglés en una iglesia, y espero tomar clases de inglés más avanzadas en una escuela vocacional cerca de la catedral cuando mi horario de trabajo me lo permita. Todavía sueño en estudiar derecho un día.

"Poco a poco salimos adelante. Jesse y yo compartimos mi casa con mi hermana mayor, Gloria. Ella y sus tres hijos han vivido con nosotros desde que se separó de su esposo. Gloria trabaja en la misma fábrica donde Jesse y yo trabajamos." Mara asintió con la cabeza dirigiéndose a su búngalo de dos pisos, "en la casa estamos un poco apretados, pero me agrada la compañía de Gloria, y así nos ayudamos la una a la otra."

La puerta trasera tronó, y Ana Lara descendió las escaleras con la fórmula. Le dio el biberón a su madre y corrió a jugar con el hijo de Gloria de nueve años quien le hizo señas desde una esquina sombreada del jardín, enseñándole un puñado de lápices para colorear.

Mientras miraba a los niños colorear, le pedí a Mara que me dijera los sueños que tenía para sus hijos. No pensó mucho antes de contestar. "Desearía que tuvieran una buena educación. No importa que estudien, sólo que ellos aprendan y así puedan trabajar en lo que a ellos les guste. Espero que ellos se casen y tengan hijos, y vivan sin miedo." Mara le sonrió a Rafael que estaba recostado en sus brazos mientras él delicadamente descansaba sus deditos en el biberón de fórmula que estaba tomando.

Era el medio día cuando Mara y yo subimos las escaleras del porche que conducían a la cocina. Pequeñas conversaciones venían del sótano. Una cafetera silbó en la cubierta de la cocina junto a un montón de tortillas. Gloria, vestida en bata, estaba friendo chorizo con huevos. Su niño de cinco años estaba sentado absorto en el ruido de una telenovela mexicana en la televisión. La familia de Mara ha empezado otro dia en Minnesota.

Rosario y Martín
"Estamos aquí, ¿pero dónde nos asentamos?"

El amor a primera vista puso a Rosario en el camino que se la llevó desde la casa de sus padres en Aguascalientes, México a una nueva vida en Minnesota. "Cuando yo era una niña, jamás soñé que me enamoraría y recibiría una propuesta matrimonial dos semanas después, ¡pero eso es lo que pasó!" Rosario habla de su romance con una aura de maravilla como la que rodea a las personas que consideran su amor un regalo precioso. Nosotras charlamos en su apartamento sencillo del este de St. Paul que comparte con su esposo, Martín, y sus dos niños pre-escolares. Relajándose sobre el sofá, Rosario le está dando el pecho a su bebé, Claudio, mientras Julia de cuatro años coloca una colección de peluches por alrededor de los pies de Rosario.

Es fácil saber cómo un hombre pudiese quedarse fascinado con Rosario. Esta mujer joven e inteligente tiene una belleza suave y oscura como un dibujo fino de carbón. Hoy, ella tiene el lujoso pelo castaño recogido en una coleta que se cae por la espalda. Tiene puestos unos pantalones vaqueros y una blusa de algodón.

"El año que conocí a Martín, todos los planes que me había hecho se quedaron totalmente cambiados," continúa. "Parece que el destino me tenía otros planes. Pretendía empezar una carrera y quedarme soltera por un tiempo. Después de graduarme del colegio superior unos años previos, estudié contabilidad y administrativo en una universidad que quedaba cien millas al norte de mi pueblo. En el principio, mi padre me mandó dinero para ayudarme a pagar las cuentas, pero luego me mantenía trabajando como secretaria durante los últimos dos años de estudios. Antes de cumplir los veinte años, había terminado todos los cursos. Regresé a Aguascalientes para vivir en casa con mis padres y mis hermanos. Empecé buscando un trabajo de secretaria o contable, ¡pero entonces descubrí a Mary Kay! La compañía cosmética me atraía porque le ofrece a las mujeres oportunidades tremendas para salir adelante. Uno puede ser su propio jefe, la compañía le da el entrenamiento sobre los negocios y el éxito depende totalmente de cuanto trabajas. Entonces cambié de carrera completamente y ¡me convertí en un representante de Mary Kay!

"Luego, durante la primera semana de trabajo, un compañero de trabajo del equipo de ventas me presentó a su hijo, Martín. Él acabó de volver de Dallas para pasar dos semanas de vacaciones. Desde nuestro primer encuentro me caía bién a Martín, era sincero, educado y amable. Pues, Martín me invitó a salir con él a una discoteca junto con otra pareja esa misma noche. Salimos casi cada día de allí en adelante. Me pidió la mano la noche antes de regresar a Dallas. No me sorprendió cuando me pidió la mano. Nos sentimos seguros de nuestro amor a pesar de conocernos sólo por dos semanas. De repente, mi plan para quedarme soltera por un tiempo ya no me importaba."

Algunos meses más tarde, Martín y Rosario fueron casados por un sacerdote en un pueblo pintoresco en las montañas en el corazón de México. La grabación de su boda muestra la pareja alborozada recibiendo abrazos de felicitación sobre los escalones de una iglesia que fundaron los pobladores españoles y los sacerdotes Jesuitas hace siglos. Hay tres niños inquietos riéndose mientras sostienen la cola bordada del vestido de Rosario, protegiéndola para que no se arrastre por el polvo amarillo. Entonces, los invitados vestidos de etiqueta suben por las calles estrechas de adoquines hacia la sala de recepción. Allí, Rosario y Martín se casan otra vez por lo civil. Un juez solemne en un traje viejo de algodón lo celebra. Rosario y Martín necesitan la ceremonia civil por que en México la Iglesia y el Estado son separados, el gobierno no reconoce ceremonias religiosas. Los últimos minutos de la cinta muestran a Rosario enseñando uno de los centros de mesa hecho de flores de seda que ella creó para las mesas del banquete. La película termina con la pareja emocionada bailando mejilla a mejilla.

Se trasladaron a Dallas inmediatamente después de la boda. No quedaba ninguna duda que Rosario y Martín vivirían en los EEUU porque a Martín le gusta más que México. Ya llevaba más de diez años viviendo y trabajando en Texas antes de casarse. Después de graduarse del colegio secundario a los quince años, Martín tomó un autobús hacia el norte y pasó por la frontera. Su primo, Víctor, le consiguió un trabajo construyendo viviendas, y compartieron un apartamento. A Martín le gustaba la aventura y las oportunidades que le proporcionó Texas. Podría explorar la cultura de los EEUU, ganar un salario mayor que en México y mejorar su inglés.

Pero dentro de unos años de llegar a Texas, Martín recibió una llamada y tuvo que regresar a México. Su padre le llamó para darle la noticia trágica, que el hermano de Martín, el mayor de los seis hijos de la familia, había fallecido en un accidente de tráfico. Después del funeral, Martín se quedó en el pueblo y debidamente tomó el papel de ayudar a sus padres a llevar su granero pequeño. Diariamente, Martín descargó camiones de trigo, maíz y sorgo que ellos compraron en su región, el centro fértil de México. Para agradecerle por su buen trabajo, los padres de Martín le ayudaron a pagar sus estudios en la escuela de derecho: un programa universitario de cinco años. Él había soñado con ser abogado desde hace tiempo.

Martín ya había terminado tres años de cursos de derecho cuando la economía mexicana declinó, y las tazas de interés subieron e incapacitaron al negocio de la familia. Aunque los padres de Martín mantuvieron a la empresa en función, ya no podían pagar sus estudios.

Martín no pudo ganar lo suficiente para pagar sus clases. Se sentía desanimado y deseaba volver a Texas. Desde que le habían pedido que volviese a casa después del fallecimiento de su hermano, Martín había estado comparando mentalmente México a los EEUU. Creía que la mala economía mexicana siempre tendría un efecto negativo sobre su futuro. Recordó a la prosperidad y la abundancia de trabajos que había encontrado en Texas. Sin embargo, aunque deseaba trasladarse al norte, se sentía obligado a quedarse en casa para ayudar a sus padres.

Entonces, el hermano menor de Martín anunció que pretendía dedicar su vida al negocio de la familia. Eso libró a Martín de sus responsabilidades. Entonces, Martín cruzó la frontera otra vez. Volvió a Dallas donde consiguió un trabajo, como antes. En 1989, Martín aceptó la oferta de amnistía a los inmigrantes ilegales del gobierno norteamericano, y se convirtió en un residente legal, permanente de los EEUU. Martín ya se había convertido en un hombre maduro, hablaba inglés con soltura y navegaba con comodidad por la cultura norteamericana cuando conoció a Rosario. Consideraba a Dallas como su hogar.

Sin embargo, Martín y Rosario dejaron a Dallas sólo algunos meses después de la boda. El hermano mayor de Martín en St. Paul les convenció a los recién casados aprovecharse del mercado lucrativo de trabajo en Minnesota. Martín empezó trabajando en el almacén de una fábrica en Eden Prairie mudando embalaje. Gracias a sus habilidades para mandar y el inglés, después de poco tiempo recibió un ascenso a ser capataz, puesto que tiene actualmente.

Pero Rosario dice que a pesar del éxito que tiene en el trabajo, Martín quiere salir de Minnesota. "La verdad es que Martín prefiere a Texas. Echa de menos a sus amigos allí, y dice que es más fácil vivir en el sudoeste que es templado y no congelarse en Minnesota. Martín dice que si viviéramos en Texas, podríamos viajar con más frecuencia a México y que sería más barato hacerlo porque estaríamos más cerca. Y por supuesto la idea de vivir definitivamente en México no es una posibilidad; la economía es tan mala que no duraríamos ni un año, ¡moriríamos de hambre! Pero la verdad es que no quiero volver a vivir en México. Sí, echo de menos a mi padre y a mis hermanos en Aguascalientes, pero ahora, sólo quiero volver a visitar. ¡La vida en México es demasiado difícil!

"Aunque Martín me dice, 'Volvamos a Texas,' quiero quedarnos en Minnesota. Sí, los inviernos son duros, pero hay ventajas. St. Paul tiene buenas escuelas, mejor que en Texas. Quiero que Julia y Claudio asistan a la escuela y aprendan un inglés perfecto mientras que estén jóvenes. Cuando sean mayores, quiero que viajen y que tengan carreras, y el inglés les ayudaría. Sólo hay una cosa que me tiene preocupada con respecto a educándolos en escuelas norteamericanas, son las malas influencias sobre los jóvenes. Algunos jóvenes se vuelven irrespetuosos y desobedientes a los mayores por lo que aprenden de sus compañeros de clase. Los niños se sienten presionados a unirse a las gangas y tomar drogas. Cuando Julia y Claudio sean adolescentes, les enviaré a México para asistir al colegio secundario. Después, pueden volver a Minnesota para la universidad.

"A mí también me gustaría asistir a la universidad. Hay oportunidades para mí aquí en Minnesota: la Universidad, las escuelas técnicas, escuelas privadas... Me gustaría estudiar como ser peluquera o diseño de interiores, pero no puedo matricularme hasta que mis hijos sean mayores. Como me quedo en casa cuidando de mis hijos, estudio por mi cuenta. Intento aprender el inglés y estudio para aprobar el GED (examen de equivalencia). ¡Casi estoy preparada para tomar el examen!

"Volviendo al tema de dónde elegimos vivir, creo que debemos quedarnos aquí donde Martín tiene un trabajo seguro. Otra cosa, porque quiere mudarse ahora que la mayoría de sus hermanos y sus familias han inmigrado a St. Paul. Ya que tenemos familia cerca, y estamos cómodos económicamente en Minnesota, ¿porqué mudarnos?

"Pues, para ser justo, hay buenas razones para quedarnos aquí y razones tan buenas para mudarnos a Texas." Rosario suspira, mueve la cabeza y da una sonrisa cansada sobre el debate interminable con su esposo. "¿Nos quedamos o nos mudamos? Por supuesto, estaremos bien siempre que estemos juntos, pero estamos intentando determinar lo que más nos conviene. ¡Es una decisión importante! Al parecer, es nuestro único tema de conversación últimamente."

Verónica
Trabajando para mandar a mis hijos
a la universidad

Verónica y yo tomamos té en la pequeña mesa en la cocina de su apartamento en el tercer piso. Me cuenta que a principios del siglo ésta mansión en el barrio rico de Kenwood empleaba varios sirvientes. Como niñera encargada de la casa, Verónica ocupa los tres cuartos que antes pertenecían a los sirvientes. Miro por el cristal ondulante de la ventana y veo que estoy al mismo nivel que las ramas más altas de un gigantesco roble. A un ángulo de 90 grados, el techo se inclina, creando una sensación hogareña, acogedora, como el ático de mi abuela.

Me siento cómoda con Verónica. Una mexicana fina, de alrededor de 45 años de edad, domina el arte de darle a las visitas su completa atención. Como la mayoría de los mexicanos, Verónica es una mezcla de dos culturas. Sus pómulos bien definidos y su nariz delicada son de parte de la abuela española. Su tez, el color de arena lavada por la marea, es un regalo de parte de sus antepasados indios de Chiapas. Verónica contesta amablemente mis preguntas acerca de su inmigración de Veracruz a Minneapolis. Su inglés me impresiona. Hace siete años hablaba solamente español. Ahora rara vez tiene que buscar las palabras con las cuales expresarse.

"La devaluación del peso me forzó a venir a los EEUU en 1990," me explica.

"La economía mexicana cayó tanto, que no podía ganar suficiente dinero para mantener a mis hijos y mandarlos a la escuela. Así que me vine a Minneapolis porque uno gana más aquí. Durante los últimos siete años he establecido mi propio negocio de limpieza y abastecimiento. Ahora, mi hijo menor está por graduarse de la universidad. ¡Es gracioso, pero hace años si alguien me hubiera dicho que vendría a Minnesota a trabajar de niñera hubiera pensado que estaban locos!"

Verónica me cuenta que hasta que el peso cayó en 1987, ella nunca se había preocupado acerca del dinero. Desde la niñez, vivía cómodamente. Su tono de voz es tranquilo. "Vengo de una familia de clase media. Mi padre era ingeniero agrónomo. A los 18 años, me casé con un ingeniero industrial y tuve dos hijos, Andrés y Zazú. Mi esposo trabajaba para una empresa autmovitríz japonesa. Su trabajo frecuentemente lo llevaba de casa. Los últimos dos años de nuestro matrimonio vivió en el Japón.

Aprendió la tecnología más moderna, y trajo sus conocimientos a las fábricas en México y en el Perú. Nuestra casa en Puebla quedaba a unas horas de donde vivían mis amigos y mi familia en Veracruz. Me sentía sóla y un poco aburrida así que acepté trabajo como recepcionista, no por el dinero, sino para ocuparme las horas.

"Conocí a Sérgio en la oficina. Sérgio era un hombre increíble, un empresario poderoso, dueño de una empresa de bienes raíces. Había empezado lustrando zapatos en una esquina. ¡Era muy político y conocía a las personas más influyentes del país! ¡Hasta almorzaba con el presidente! ¡Sérgio tenía carisma! Físicamente no era atractivo, pero atraía a la gente con su energía y su auto estima. Me llevaba 30 años, pero me enamoré de él en menos de dos minutos!

"Al año de conocerlo, me divorcié y tuve una hija, Gigí. Sérgio, los niños y yo nos mudamos a una de sus mejores casas, de estilo colonial, rodeada por un jardín y un muro. Sérgio fue generoso con nosotros. A Andrés y a Zazú los trataba como si fueran suyos. Hasta pagó para que fueran a una escuela particular. Me trataba muy bien a mí también. Todas las semanas iba al salón de belleza y a hacerme la manicura y usaba ropa elegante, hecha para mí. Una sirvienta limpiaba la casa mientras yo tomaba café con leche con mis amigas, las esposas de profesionales de la clase media. Pero no siempre flojeaba. Trabajaba en campañas políticas, llevaba a mis hijos y a sus amigos a clases de música y de idioma, y serví de presidenta, secretaria y tesorera de varios consejos colegiales.

"Sérgio y yo estuvimos juntos por 12 años maravillosos, pero nunca nos casamos. A menudo, prometía divorciarse, pero la diferencia entre nuestras edades se lo impedía. Cuando le decía que lo amaba y que quería estar siempre con él, me contestaba, 'Tú todavía serás joven y linda cuando yo sea viejo y débil. Imagínate cómo te sentirás.' No lo pude convencer que la edad no me importaba. ¡Lo quería tanto!

"Entonces el 10 de julio de 1989, Sérgio me dijo, 'Se terminó. Todavía te quiero, pero se terminó.' Su decisión fue tan final como la muerte.

"Me dijo que se tendría que ir de la casa. Sin embargo era responsable y prometió mantener a nuestra hija Gijí hasta que se graduara de la universidad. Mis trés hijos lo extrañaron, habíamos sido una familia. Gigí, especialmente, sintió la separación. Tenía solamente 10 años y no podía entender por qué su padre nos había dejado. ¿Y yo? Yo no me podía imaginar la vida sin ese hombre.

"Mis hijos y yo nos mudamos a la casa en la cual había vivido con mi marido. Me la dejó antes de morirse de diabetes en 1985. Al principio, nos mantuve con el dinero que había ahorrado de las rentas de los últimos dos años. Pero al disminuirse mis ahorros me vino pánico. Tuve que adoptar una forma de vida más modesta. Como dicen, al separarse, el ingreso del hombre aumenta y el de la mujer disminuye."

Le comento a Verónica que he conocido a otras mujeres que han tenido que enfrentar situaciones parecidas después de divorciarse. Le pregunto qué hizo para sobrevivir sóla.

"Cosí para los conocidos ricos, pero gané apenas lo suficiente para comprar lo esencial," Verónica suspira frustrada. " Me tardaba ocho horas para terminar una falda forrada, pero ganaba solamente 30 pesos. Con eso compraba comida para los cuatro para un día, comíamos sencillamente, como los pobres: frijoles, arroz, tortillas, algunos tomates. ¡Qué cambio de los platos de pescado y mariscos y ternera que preparaba cuando vivía con Sérgio!

"Mis hijos me ayudaban todo lo posible. Zazú tenía 15 años. Le daba clases de inglés a los niños del barrio. Así pagaba el viaje en camión al colegio, sus lápices y cuadernos. Andrés obtuvo una beca para su primer año en la universidad. Yo trabajaba 14 horas por día, limpiaba mi propia casa y guiaba la educación de mis hijos. Pero no podía mantenerme al tanto con los gastos. ¡Cuando me vino pulmonía, no había dinero para comprar los medicamentos!

"Para vivir más economicamente, vendí mi casa en Puebla e invertí el dinero construyendo una casa más pequeña en Veracruz. Decidí vivir cerca de mi madre para que nos pudiéramos ayudar. Fue un buen plan hasta que el peso volvió a bajar en 1988. Durante los próximos dos años, mis ganancias compraban menos y menos. ¡Para más, Sérgio me disminuyo el 50% el dinero que me daba para Gigí! ¡Me vino pánico! Precisaba más dinero para educarla, no menos. ¡Pronto todos mis hijos irían a la universidad!

"Entonces ocurrió otro desastre. Mi cuñado había supervisado la construcción de mi casa nueva mientras yo arreglaba mi negocio en Puebla. Se equivocó, y le permitió al constructor gastar más de lo calculado antes de terminar la casa. El constructor pidió el dinero antes de terminar la construcción. De repente, debía el equivalente de 3.000 dólares. ¡Una fortuna! ¡Estaba en el fondo de un hoyo profundo!

"Por suerte, mis familiares me prestaron el dinero. Me hicieron un gran favor porque no tuve que sacar un préstamo del banco. En México, los intereses no son fijos, sabe. Durante los últimos 10 años muchos han perdido los negocios al aumentar el interés. Recientemente, una amiga de Puebla vino a Minneapolis a ganar dinero para pagar un préstamo bancario. ¡Ella y su esposo son abogados, pero el interés que le cobraron para el préstamo necesario para renovar sus oficinas la forzó a trabajar de niñera para tres niñitos!

"Verónica," la interrumpí, "tú viniste a Minnesota por las mismas razones que tú amiga. ¿Verdad?"

"¡Sí! Yo tenía que pagar los 3.000 dólares que me prestaron mis familiares. Precisaba ganar dinero para mantener a mis hijos. Quería mandarlos a la preparatoria y a la universidad también. Así que les pedí a mi mamá y a mi hermana que me ayudaran a solucionar el problema. Hablamos mucho y decidimos que tenía una sola opción: trabajar en los Estados Unidos. Mamá cuidaría a mis hijos durante mi ausencia. Por suerte, vivirían casi al lado de ella en la casa que construí en Veracruz. Estaba bastante segura que a Andrés le iría bien. A él siempre le han gustado los libros y estaba ocupado con sus estudios universitarios. Pero Zazú y Gigí tenían 17 y 12 años, edades peligrosas para niñas sin el cuidado de la madre. Nunca nos habíamos separado y me preocupaba mucho dejarlas.

Le pregunté a Verónica como vivió bajo el estrés de tantos problemas.

"Tuve una montaña de problemas," dijo. "Confieso que estaba un poco enojada con Dios por todo lo que me había ocurrido. Pero un día me asenté. Admití que mi forma de ser había creado problemas. Así que dije, 'OK, Dios, probemos tú sistema.' Le entregue mis decisiones a Dios, y las cosas mejoraron.

"Vendí el auto para obtener los 500 dólares que precisaba para el pasaje y para dejarle algo a mis hijos. Cuando apareció el aviso en el periódico dije, 'OK, si vendo el auto rápido será una señal que debía irme a los Estados Unidos.' ¡Se vendió al otro día! Desde ese momento, los pedazos de mi vida empezaron a encajar como los dientes en las ruedas de los relojes de pulsera.

"Primero, una amiga arregló para que viviera, sin pagar renta, con una agente de viaje hasta encontrar trabajo. La agente se llamaba Angie. Sólo me pidió que le ayudara a aprender español mientras compartía su casa.

"No sabía nada de Minnesota antes de venir. Así que mis hijos lo buscaron en la enciclopedia y me dijeron que quedaba en la frontera con el Canadá. 'Hace frío allí, Mamá,' protestaron. '¡Todo está cubierto de nieve y de hielo por cinco meses del año!'

"Les pregunté, '¿Hay gente en Minnesota?' Me miraron como si estuviera loca. Les dije, 'Si la gente en Minnesota puede soportar el frío, yo también puedo!'

"Una amiga me consiguió visa para entrar en los EEUU. Ella frecuentemente acompañaba al marido a California en sus viajes de negocio, con sus hijos. Le dijo al agente que yo era la niñera y que precisaba visa para acompañarlos.

"Viajé a Minnesota en mayo de 1990. Angie me vino a buscar al aeropuerto. Nos hicimos amigas en seguida. Me registré para clases gratis de inglés. Estudié allí por cuatro años. Estaba decidida a aprender inglés, y no quería que la gente pensara que era estúpida porque no hablaba bien.

"La semana que llegué, Angie me consiguió trabajo como niñera en una zona rica de Minneapolis. La señora hablaba un poco de español. Por suerte, ya que yo no hablaba inglés. Me pagaba 150 dólares por semana con casa y comida. ¡Para mí era como un millón de dólares! Todos los meses, mandaba 500 dólares a México para pagar la deuda, mantener a mis hijos y pagar sus estudios. Con los otros 100 dólares pagaba mi cuenta de teléfono y compraba necesidades, y ropa para Gigí, Zazú y Andrés. En dos años pagué el préstamo. Se me arruinaron las uñas lavando lavabos y pisos, pero no me importaba. ¡Estaba tan felíz de haberme librado de la deuda!"

Unos ladridos la interrumpen. Ha empezado a llover. Me pide disculpas y deja entrar al perro schnauzer. Oigo el sonido de sus zapatos de sport en la escalera. Sube y baja rápidamente. El perrito barbudo corre delante de Verónica, me examina, y se acuesta en el piso.

Verónica continua con su historia. "Los primeros seis meses en Minnesota fueron muy duros. Nunca me había apartado de mis hijos o de mi casa. Y también tuve que cambiar mi actitud acerca de ser sirvienta. Al principio me sentía avergonzada. Los méxicanos creen que limpiar casas es trabajo para los pobres no para mujeres de la clase media. En Monterrey era yo la dama, la patrona, pero en Minneapolis me convertí en sirvienta. Me costó aceptar que mi trabajo era respetable.

"Mis amigos aquí me han enseñado cómo vivir en los Estados Unidos. Siempre me sentiré agradecida. La gente ha sido muy buena conmigo, especialmente cuando descubren que vine para ayudar a mis hijos. Las familias para quienes limpio me han regalado ropa que ya no usan. Angie, los maestros, los estudiantes, y Jim, me ayudaron a aprender inglés. ¡Ay, no le he contado acerca de Jim!"

"Lo conocí seis meses después de llegar a Minnesota. Nos presentó la familia con quien vivía. Era su amigo y su contador, y le contaron mi historia. Aunque Jim había viajado en México, no sabía hablar español. Pero pensó que sería divertido salir con una señora de edad media y ayudarle a aprender inglés." Los ojos de Verónica me sonrien con este recuerdo.

"No había salido con un hombre desde que Sérgio me dejó. Pero mis amigos americanos no tenían mucho tiempo libre para ayudarme a practicar el inglés así que le dije a Jim que saldría con él. Me llevó a un partido de basketball en el *high school*. Después salimos a tomar un café. Para comunicarnos tuvimos que usar la imaginación. Hablamos con las manos cuando nos faltaban las palabras. Dibujamos sobre las servilletas. ¡Fue divertido! Así que continuamos saliendo. Aprendí mucho inglés con Jim. Él es aficionado de los deportes así que aprendí la terminología para el hockey y el fútbol americano, por supuesto. Así empezamos.

"Me encariñé con Jim, y eso me sorprendió. Pensé que no me gustaría otro hombre después de perder a Sérgio, pero Jim es bueno, y hablamos mucho. Cuando estaba con él, me sentía curada, afectivamente.

Jim y yo seguimos practicando el inglés, y también tomé clases en escuela. Cuanto más inglés supe, más negocio tuve. Porque entendía casi todo lo que me decían pude aceptar trabajo en casas donde no hablaban español.

"Mi primera patrona quedó tan contenta porque yo podía cocinar comida méxicana auténtica y también coser, que me recomendó a sus amigas. Yo les gusté porque estaba dispuesta a hacer casi cualquier trabajo: sacar al perro, cuidar casas, cuidar niños, regar, etc. Como no tenía familia para cuidar, me puse a la disposición de otros. Compré un auto de segunda mano para poder ir de una casa a otra o de compras al mercado méxicano para las cenas que preparaba para las familias.

"Gané lo suficiente para traer a mis hijos de visita durante el verano de 1992. Conocieron a Jim, y lo adoraron. Antes de irse, Andres le hizo prometer a Jim que me acompañaría cuando yo fuera de visita para Navidad, y ellos estarían de vacaciones de la universidad.

"Después de pasar Navidad con mi familia, Jim me pidió que me casara con él. Le había dicho que pensaba vivir en México después de que mis hijos se graduaran. Así que él tuvo que decidir si estaba dispuesto a vivir allí. Creo que la decisión le resultó fácil porque había viajado a México y le gustaba. Se enamoró del clima suave de Veracruz. Es una ciudad bella con muchas oportunidades de negocio para él.

"Jim y yo nos casamos el próximo verano. Durante los últimos cuatro años, nos hemos estado preparando para la vida juntos en México. Jim está en Veracruz ahora. Trabaja para una compañía norteamericana y ha empezado su propia oficina de asesoría para dueños de empresas méxicanas. Vive con Andrés y Gigí en la casa que construí, y todos se llevan muy bién. Pero mi mamá está un poco celosa porque Jim es tan buen cocinero. Preparar la comida para los chicos era su territorio exclusivo," Verónica bromea.

"¿Cuándo piensan volver a radicar en Veracruz?" le pregunto.

"Yo iré la primavera que viene cuando se gradue Gigí. Ella es la última en conseguir su licenciatura, generalmente un curso de cinco años en México. Andrés obtuvo su primer licenciatura en 1994 y después enseñó filosofía en una preparatoria por un año. Volvió a la universidad con una beca de parte de una asociación nacional de hombres de negocio. Está completando su maestría ahora. Pronto volverá a enseñar.

"Zazú se casó el año pasado. Ella y el marido se mudaron a la ciudad de México por la carrera medica de él. Ella enseña comunicación en una universidad privada. También piensa obtener su maestría. Quizás algún día me haga abuela también.

"Mi menor, Gigí, estudia comunicación como la hermana. Sérgio todavía paga más o menos la mitad del costo de la enseñanza. Espero que continúe ayudándola, especialmente si decide obtener un maestría. ¡Su colegio es excelente, pero muy caro! Sérgio tiene 75 años ahora. Recientemente le hicieron cirugía para cáncer del colon, pobre. Pero Gigí trabaja como modelo en una boutique y gana lo suficiente para comprarse sus libros y pagar su trabajo en el laboratorio. Yo pago el resto de sus gastos. Le quedan solamente dos semestres.

"A veces no puedo creer todo lo que hemos hecho en siete años. Tengo 20 clientes ahora, y estoy tan ocupada que a veces pasan varias semanas antes de tener un día libre. Pero ha valido la pena porque mis hijos están bien preparados para sus carreras."

Verónica se ríe y se seca un sudor imaginario de la frente. "¡Ay! ¿Cuál es ese dicho acerca de casi haber alcanzado nuestra meta?"

Sugiero "¿Ver la luz al final del túnel?"

"¡Ese!" Verónica dice felizmente. "Ahora veo la luz al final de mi túnel."

Pilar
Una Buena Madre

"Yo vine para acá porque yo había sufrido mucho en México, y ya yo no quería sufrir más!" Pilar confio esto en una voz ronca, bajando su quijada y fijando la mirada en mí, bajo el negro y ondulado flequillo que cubría sus ojos marrones. Ella hizo una pausa cuando oyó lloriquear al bebé que ella estaba cuidando. Pilar se levantó de su silla de la tambaleante mesa de comer para tomarlo del sofá donde tomaba la siesta. Cuando ella lo chequeaba, la hija de Pilar de cuatro años anunció orgullosamente que ella es la mejor ayudante de su mamá, después corrió a tomar un pañal limpio. Pilar, robusta y musculosa, se movía alrededor de su apartamento con el pié de una atleta. Por la alfombra de los años 70, la peladura del revestimiento de las paredes y el podrido de los escalones, me dí cuenta que el encargado del apartamento no lo había reparado en bastante tiempo. Pilar mantenía los cinco cuartos limpios y los alegraba decorándolos con las fotos de los niños del colegio, plantas verdes, y placas de madera pintadas con flores y poemas. Sin embargo, el jabón y los toques hogareños no podían eliminar el deterioro que frecuentemente se encuentra en apartamentos de nivel pobre. Yo tuve la sensación que Pilar era una persona que le gustaba estar en casa, que disfrutaría cuidando de un lugar propio y que se sentía triste de tener que vivir en un lugar como ese. Ella cambió el pañal del bebé y caminó a la estufa donde ella rápidamente calentó la formula, amontonó pollo desmenuzado y salsa de tomate rojo en un plato, y colocó cuatro tortillas calientes al lado.

Jody y Pilar se sentaron enfrente de mí en la mesa. Pilar me ofreció un taco de pollo y persuadió a su hija a que comiera. Después Pilar continuó su anécdota mientras mecía al bebé que chupaba su botella ruidosamente.

Poco a poco, Pilar reveló que su madre la había abusado y abandonado desde su infancia. Pilar murmuró, "Cuando yo tenía cinco años, mi mamá me quemó mi pié! Estábamos recogiendo frutas en el monte. Ella estaba brava conmigo por algo. Puede que yo pasé el río tambaleando o que me perdí. Yo, yo no me acuerdo. Pero mi mamá puso hojas secas y troncos e hizo fuego. Después ella puso mi pié en el fuego." Pilar narraba el episodio con una voz monótona, como si estuviera viendo la escena desde lejos, muy lejos.

Yo estaba tan abatida por su revelación tan inesperada que sólo podía decir "Lo siento mucho Pilar, siento tanto que te haya pasado esto!" Yo quería consolarla, pero me parecía que cualquier cosa que pudiera decir no sería nada para el dolor que ella llevaba.

Pilar continuó, "Mi mamá estaba brava conmigo, pero no hay excusa para quemar a un niño! Ella acostumbraba a ponerse muy brava. Muchas veces me tomaba de la silla y me pegaba y me sacaba de la mesa. Muchas veces se negaba a dejarme comer. Yo acostumbraba a recoger bananas verdes y a comerlas para poder sobrevivir. Yo sé que mi mamá no me quería. Ese era el problema. Ella acostumbraba a darme a mis tías, mis abuelos que vivían en un rancho…cualquier familiar que quería recogerme. Aun así, yo siempre rezaba para que ella me quisiera algún día."

Yo le pregunté a Pilar si su madre había tratado a sus otros hijos tan severamente. "No, yo no creo, pero ella no era muy blanda con ellos tampoco," dijo ella.

Hoy, el hermano de Pilar, sus hermanas y su mamá, ahora en los setenta, todavía viven en la ciudad de Guzmán, en México, la ciudad donde creció Pilar. Su padre, Víctor, murió años atrás. Él era chofer de camiones comerciales, que llevaba troncos frescos de madera de los bosques para ser cortados. Victor no maltrataba a sus hijos. Sin embargo, el se iba por muchas semanas seguidas, dejando a la mamá de Pilar sola cuidando a la prole.

Pilar aprendió a defenderse por sí misma desde muy pequeña. A la edad de ocho años, ella estaba vendiendo en las calles de México. Ella vendía emparedados que ella hacía de pan blanco, jamón, lechuga, tomates y chiles.

Ella también vendía frutas de las estaciones. Al final en cada verano, Pilar cosechaba frutas en el campo con otros jóvenes vendedores. Los muchachos se reunían cerca de la ciudad en la medianoche y caminaban, riéndose y hablando a la luz de la luna. Se iban al huerto en la montaña, ellos agitaban las finas ramas hasta que la pequeña fruta acida del tamaño de albaricoques se caían como la lluvia. Al amanecer, ellos se regresaban a las esquinas de la ciudad a vender a la gente de la ciudad las frutas amarillas rociadas con azúcar en conos de papel.

A través de estos negocios, Pilar compraba sus libros escolares, su ropa y su comida. Después, durante la secundaria, ella trabajó como criada para familias de clase media atendiendo a las clases cuando podía. Por muchos años, ella limpiaba una farmacia en la esquina que pertenecía a tres mujeres mayores. La mayor era una mujer en silla de ruedas, que Pilar bañaba y vestía cada mañana antes de caminar a la escuela.

Como mujer joven, Pilar se sentía cansada de sobrevivir la mayor parte de sus quince años. El abuso físico y emocional recibido por su madre había afectado enormemente a Pilar, el desprecio y el rechazo había afectado la autoestima de Pilar. Yo me pregunto acerca de los efectos a largo plazo, cuando Pilar me contaba acerca de sus dificultades para sobrevivir los golpes, la pobreza, el rechazo. ¿Puede una niña que ha sido abusada desarrollar un miedo de tener un defecto en su espíritu o característica que hace que sus padres la degraden y rechacen?

De acuerdo con la tradición Mexicana, padres, especialmente madres, deben querer a sus hijos. La Iglesia apoya este punto de vista. Sacerdotes, en los sermones, presentan a la Virgen María como ejemplo de madre-amor. Hijos abusados deben seguramente comparar su maltrato con las normas de la sociedad y darse cuenta que algo está fuera de lugar y que es injusto en sus vidas. Los abusadores, a través de su maltrato, les dicen a sus víctimas que ellos no merecen cariño, cuidado y perdón. La niña que aguanta ésto debe dudar acerca de sí misma y preguntarse, "¿Si mi mamá piensa que no merezco ser querida, otras personas me ven así también? Si yo dejo que otras personas se me acerquen, descubrirán ellos esa parte que disgustaba a mi mamá?" Mientras escuchaba a Pilar, se me ocurrió que una persona que ha sido abusada deber percibir el hacer amigos o pedir por trabajo como algo de mucho riesgo. Una niña que ha sido abusada puede que necesite mucho incentivo para olvidar la vergüenza pasada y las dudas acerca de sí misma para establecer relaciones personales.

Pero a medida que Pilar contaba su historia, yo supe que ella ha buscado ayuda en otras personas. En realidad, sus relaciones con los compañeros de la escuela le trajo un gran cambio en su vida. El último año de secundaria, cuatro de sus amigos de la adolescencia la invitaron a inmigrar con ellos a Chicago. Sus historias de trabajos con buenos salarios y el romance de explorar un país nuevo fue una tentación para Pilar para dejar su trabajo y la escuela y acompañarlos a ellos.

El patrón de Pilar, secretario de gobierno en una de las ciudades grandes le suplicó, "Espera hasta que yo te pueda conseguir una visa de turista para que puedas entrar a los Estados Unidos legalmente." Pero los amigos de Pilar no esperarían. Por no saber el inglés y por miedo de viajar sola para encontrarse con ellos después, ella decidió irse con ellos inmediatamente.

El jefe de Pilar y su esposa le tenían mucho aprecio. Ellos le dieron dinero en efectivo como regalo de despedida como también el numero de teléfono de ellos para que ella llamara en caso que ella tuviera una emergencia.

Pilar se detuvo para halagar el color del crayon que Jody garabateaba en una bolsa de la tienda. Luego ella me dijo que ella había tenido la esperanza de tener una vida mejor en los Estados Unidos. "Yo pensé que mi vida cambiaría completamente en los Estados Unidos."

La madre de Pilar no expresó preocupación ni curiosidad acerca de los planes de su hija de mudarse para los Estados Unidos. Aun así, cuando Pilar se acercó a la frontera con Tijuana, ella rezó, "Por favor deja que mi mamá me extrañe cuando yo esté en el Norte."

Pilar y sus amigos consiguieron trabajo en una fábrica de ropa en Chicago. Los salarios para empezar eran por debajo de los seis dólares por hora, aún así, parecía como una fortuna para ellos pues eran muchas veces más lo que ellos habían ganado en México. Sin embargo, todo costaba mas en los Estados Unidos y cinco amigos compartieron un apartamento de una recamara para poder estirar los cheques que les pagaban.

Pilar se enamoró por primera vez en Chicago. Su nombre era Rigo, un compañero méxico-americano. Después de ser novios por varios meses, él la invitó a que se mudara con él a su apartamento de un cuarto. Rigo la llenó de cuidados y atenciones que Pilar nunca había conocido antes. En un año, ellos tuvieron un hijo, a quien llamaron Marcos. Pilar se deleitaba en la dicha de tener su propia casa y su familia.

Luego su felicidad se destrozó. Rigo empezó a golpearla. Sus estados de ánimos empezaron a ser impredecibles. El alternaba rabietas con palabras dulces por haberla herido y le prometía que nunca mas la golpearía de nuevo. Pilar se sintió con miedo. Algunas veces, ella quería dejar a Rigo, pero ella no pensaba que podría mantener a su hijo recién nacido y pagar a alguien para que se lo cuidara, al mismo tiempo. Por lo que ella se quedó con Rigo, rezando que él volviera a sus maneras cariñosas. Pero el no cambió. El alternaba los golpes con palabras dulces, y la confianza de Pilar en los hombres se murió.

Después que la pareja tuvo una niña en 1983, Pilar se sintió menos capaz de escapar del abuso de Rigo y cuidar por ella misma a sus dos hijos. Además, su condición de inmigrante ilegal debilitaba sus opportunidades de sobrevivir. Ella sabía que podía ser víctima de los dueños de apartamento, quienes cobran a las personas indocumentadas más renta o por justificar a la persona que podrían reportarla a las autoridades de inmigración. Si Rigo hubiera sido el esposo legal de Pilar, él la hubiera podido patrocinar para vivir en los Estados Unidos porque él era ciudadano. Además, él usaba su condición de indocumentada para intimidarla, amenazándola con denunciarla. Ella sabía que ella podía ser deportada y separada de sus hijos si él lo hacía.

En pocos meses después de tener a su hija Marcela, Pilar sin esperarlo quedó embarazada por tercera vez. Ella hizo todo lo posible para calmar a Rigo y protegerse a sí misma y a sus hijos. Ella trató estando de acuerdo con él, complaciéndolo, y manteniéndose fuera de su camino. Ella también trabajó por las noches en la factoría de ropa en el trabajo que ella había tomado cuando ella recién llego a Chicago. Ella le daba todos sus cheques para ayudar a pagar los gastos. Aun así, nada de estas acciones calmó a Rigo ni lo volvió a su ternura de antes.

Algunos de los amigos de Pilar le dijeron que Rigo había cambiado con ella porque él tenía otra mujer. Ella no se atrevió ni siquiera a preguntarle por el rumor, sin embargo creyó que podía ser la razón por la cual él la resentía.

Luego un día, Rigo la tiró contra el mueble de la cocina quejándose que había cocinado mucho el pollo. La golpeó con su puño cerrado hasta que ella se desmayó. Ella tenía ocho meses de embarazo.

Pilar se dió cuenta que ella lo tenía que dejar o moriría. Por lo que quince días después de tener su tercer hijo, Pilar cambió su cheque y se fue con sus hijos pequeños. Ellos se fueron en un bus del Greyhound a Corona, California. Allá su primo había acordado con Pilar darle donde quedarse hasta ella lo pudiera hacer sola. Sin embargo, cuando Pilar llegó, su primo le explicó que sólo se podían quedar por pocas semanas. Pilar no supo que hacer. Ella tenía sólo setenta y cinco dolares en su nombre.

Luego la suerte de Pilar cambió cuando ella conoció a una vecina, Guadalupe, en la tienda de la esquina. Guadalupe, Lupe por sobrenombre, era una madre soltera de Guadalajara con dos niños. Ella se ofreció a compartir la casa con Pilar. La benevolencia de Lupe parecía tan bondadosa y bendecida como su tocaya, la Virgen de Guadalupe, una santa patrona de México. Por los próximos cuatro años, las dos mujeres se cuidaron sus espaldas una a la otra. Juntas compartieron los gastos de la casa, los oficios diarios y cuidaron a los niños de la otra.

Luego en una tarde sofocante de julio de 1988, Rigo tocó la puerta de Pilar. Ella todavía recuerda su sonrisa sin culpa, "Él dijo que me extrañaba a mí y a los niños. Él me dijo que había cambiado, que él me quería y que quería que estuviéramos juntos de nuevo. Dulcemente, él me prometió el sol y las estrellas, y yo me sentí bajo su hechizo."

Rigo le habló dulcemente y les trajo regalos a los niños por dos semanas. Luego él se ofreció a llevar a Marcela y a Marcos a la tienda de la esquina para comer helado. Ellos nunca regresaron.

Desesperadamente Pilar buscó en el vecindario. ¡Los tres habían desaparecido! Pilar siempre había mantenido sus hijos cerca de ella; Marcos tenía ocho años y Marcela sólo cinco. ¡Ahora ella no tenía ninguna idea de donde estaban! A medida que los días pasaban Pilar llamó a la familia de Rigo en Chicago rogándoles por información de donde estaban los niños. ¡No tuvo suerte! Ella hizo mas llamadas. Un amigo en Chicago le dijo que Rigo se había llevado los niños para Texas, pero el rumor la llevó a un camino sin salida, como con todas las huellas que siguió. Al mismo tiempo, Pilar descubrió que Rigo le había dejado mas que mentiras. ¡Ella estaba embarazada de nuevo!

Desesperada por conseguir a sus hijos Pilar consultó con un abogado. Su investigación tomó meses. Eventualmente, él descubrió que Rigo había mandado a Marcos a vivir con unos amigos a Texas, mientras que Marcela vivía con Rigo, su esposa y su hermana en su apartamento de Chicago. El abogado inmediatamente empezó el proceso de devolverle los niños a Pilar, pero el proceso legal era interminable. Finalmente, tres años después que Rigo secuestró a los niños, la corte le dió Marcela a Pilar, pero entregó Marcos a Rigo.

Pilar sufrió porque Rigo no la dejaba ver a su hijo. Luego en 1991, Pilar sufrió otra gran pérdida. Lupe vendió su casa y se fue a vivir a Guadalajara.

Pilar se sintió pérdida sin la ayuda de Lupe y sin su amistad. En busca de apoyo moral, Pilar se mudó a San Pablo para poder estar cerca de una tía y un tío. Sin embargo, la ciudad no parecía recibirla bien. Cada vez que ella respondía a un anuncio de apartamento por rentar el encargado le decía que ya estaba rentado. Ella sospechó que hacían excusas para no rentárselo por su fuerte acento en español y cuando se daban cuenta que era madre soltera con tres niños. Después de mucho buscar, se mudó a una andrajosa casa para dos familias, con Marcela, Gabriela, su segunda hija, y Jamie su hijo concebido durante la visita de Rigo a California. Pilar estaba descorazonada por la larga pelea legal para reclamar sus hijos y por la pérdida de su hijo. Faltándole trabajo y la falta de habilidad en el inglés, ella no podía encontrar un trabajo que le pagara lo suficiente para mantener a sus tres hijos. Ella no vio otra alternativa que aplicar para AFDC (Ayuda Para Familias Con Hijos Menores de Edad.)

Para agravar al dolor de Pilar, Marcela de nueve años estaba muy perturbada cuando regresó de vivir con Rigo. Pilar se lamentó, "Antes que Rigo se la llevara, Marcela era gentil y dulce y no tenía miedo de nada, pero ella regresó a mí mintiendo, confundida y con mucho miedo de ser golpeada. Un día, luego después que el juez me la entregó, yo la mandé a la tienda por una cola. Ella regresó con una limonada, y bromeo, 'Hey, qué es esto? Yo quería una cola. Y tú vienes con una limonada!' Marcela se retiró de mí, con miedo en sus ojos, '¿Me vas a golpear?' Yo le dije que por supuesto que no, que todo el mundo comete equivocaciones, y que una limonada en vez de una cola no es el fin del mundo. Fue entonces cuando me di cuenta que la adolescente cuñada de Rigo había golpeado a Marcela, hasta por pequeñas equivocaciones."

Marcos no la había pasado mejor con Rigo. Al entrar en la adolescencia, se rebeló y cometió una cadena de crímenes menores. La corte puso al niño en muchas casas de crianza, las cuales no mejoraron sus sentimientos de inseguridad. Cuando la policía lo agarró en otro crimen, vandalizando carros, Rigo le pidió a la corte de declarar a su hijo incorregible. El juez colocó al niño de trece años en una correccional para menores. Marcos con diecisiete años ahora vive en Chicago con su padre. Pilar no recibe casi noticias de su hijo y no lo ha visto desde que Rigo se lo llevó de su casa en California.

Marcela se convirtió tan rebelde como su hermano a medida que se convertía en adolescente. Pilar trató de mantener su hija en la casa y fuera de problemas, pero Marcela se fue con malos amigos. Ellos le enseñaron a acusar a su madre de abuso para que Marcela pudiera escapar del control de su mamá. Eventualmente, Pilar y Marcela tuvieron que aparecer en la corte juvenil. Pilar mostró papeles que mostraba que fue la cuñada de Rigo y no Pilar quien abusó de Marcela. Un vecino declaró en favor de Pilar. Aun así, el juez mandó a la problemática niña a un tratamiento para adolescentes. Determinada a vivir como mejor le parezca, Marcela se fue y vivió en la calle con sus amigos. Ella cometió crímenes para sobrevivir. Luego se desapareció antes que las autoridades juveniles pudieran capturarla y regresarla al tratamiento.

Marcela estuvo desaparecida por seis meses cuando se apareció en la casa de sus abuelos paternales en la ciudad de Guzmán. Allá, ella empezó a cambiar. Lejos de sus malos amigos, en la cómoda casa de sus abuelos, Marcela se calmó, entró en la escuela y su vida se estabilizó. A los dieciséis años, Marcela se gradúo de secundaria y empezó a trabajar como secretaria en una agencia Mexicana para la protección del menor. Después que Marcela huyo a México, Pilar fue abandonada con los más pequeños, Gabriela y Jamie. Luego ella encontró a Lorenzo, un hombre quien ella pensó la amaría de verdad. Ellos tuvieron una hija, Jody. Pero Lorenzo resultó ser económicamente irresponsable y incapaz de mantener un trabajo. Pilar estaba muy desencantada, pero admitió que él no sería una buena pareja para su vida así que ella terminó la relación. Debido a que Pilar no podía ganar suficiente para mantener a sus hijos y pagar por alguien que los cuidara también ellos continuaron viviendo de AFDC y con el dinero extra que ella ganaba cuidando niños.

Una de las virtudes mas fuerte en Pilar es su habilidad con los niños. Habiendo sufrido en las manos de su madre y en las de Rigo, ella ha jurado no herir a otros como ella ha sido herida. Siendo sus hijos más pequeños, amigables, fáciles de llevar y exitosos en la escuela testifica las habilidades como madre de Pilar. Ella transmite confidencia en los niños a través de su cariño y animándolos. Como en la tradición de las madres mexicanas, Pilar toma un interés activo en la educación de sus hijos. Ella es voluntaria regular en los colegios de sus niños y las maestras la quieren.

En 1995, la maestra de Jamie la animó para que aplicara a trabajar como ayudante del salón de clase. Sin embargo, Pilar no pudo aceptar el trabajo porque todavía estaba indocumentada y no tenía numero de seguro social.

Pilar ansía ser una residente legal para poder obtener un numero de seguro social y poder trabajar para poder mantener su familia. Cuando Pilar se mudó a San Pablo, ella consultó con una agencia legal sin fines de lucro para conseguir una manera de ser residente, "Los Estados Unidos es mi casa" ella declaró, "Yo no podría regresar a México después de vivir aquí por tanto años. Sería como empezar de nuevo en un país extraño. Además, mis hijos son ciudadanos americanos." Para 1996, Pilar había vivido en los Estados Unidos por dieciocho años.

El abogado de Pilar le aconsejó que ella tenía dos opciones para convertirse en residente legal. La primera era casándose con un ciudadano americano. La segunda era consiguiendo un patrocinador americano que le garantizara un trabajo y que les ayudara económicamente a ella y a sus hijos en caso que ella no pudiera trabajar.

Ha pasado más de un año desde Pilar me contó su historia. El sueño de Pilar de convertirse en residente de los Estados Unidos se hizo realidad recientemente. Las lágrimas bajaron como cristales de sus pestañas cuando me contó, "¡Fue un milagro!" Después de buscar por dos años, Pilar y su trabajadora social encontraron un hombre de negocios mexicano-americano que estuvo de acuerdo en patrocinarla. Además, la entrenó para que trabajara en su mercado que le pertenecía a su familia. Hoy en día, Pilar trabaja como cajera a lo lado de su patrocinador y su esposa.

Ahora Pilar sonríe y habla muy entusiasmada acerca de su trabajo y del futuro de su familia, "Yo me siento libre por primera vez en muchos años. No tengo miedo de estar deportada, y puedo mantener mi cabeza en alto porque tengo un trabajo."

Yo le pregunté a Pilar si a ella le gustaría regresar a México. "A mí me gustaría ver a mis hermanas y hermano en Ciudad Guzman, pero no hay nada que me retenga allá. Ya Marcela se casò y se mudò a Texas con su esposo. Mi madre no me extrañó cuando yo me fuí de México, como yo esperaba," ella agregó con añoranza. "Yo la llamo de vez en cuando, pero ella nunca me llama, a ella no le importo. Yo vivo con esta verdad…ella nunca me querrá!"

Dolores
"Me casaré por amor"

La señora Estrada se preguntaba porque una niña tan joven estaba tan tarde en los jardines públicos de Tehuacan, México. Aún cuando el intento de la mujer de mediana edad era hacer sus mandados en el centro comercial de la ciudad, la postura desolada de la niña, causo que ella caminara más despacio y que mirara nuevamente. La señora Estrada había cruzado el pequeño parque municipal muchas veces, mientras comparaba precios en los almacenes. Ella miró su reloj. La niña había estado sentada en la misma banca por la última hora. ¿Dónde está su madre? ¿Porqué estaba sentada la niña donde los hombres mujeriegos podían molestarla? Ella no estaba mendigando, ni parecía estar esperando a nadie. No, ella parecía hundida en sus pensamientos. ¿Estaba ella perdida?

La señora estrada se acercó a la banca y con una voz gentil como la de una madre que mima, preguntó, "¿Dónde vives niña?" Dolores, la niña, estudió la cara redonda de la administradora, muy bien peinada, respetablemente vestida. La niña miró fijamente hacia abajo, al parche de piedras y murmuró, "No tengo casa, mi madre y mi padre están muertos."

Eso era una invención, los padres divorciados de Dolores no estaban muertos. Dolores se había escapado de la casa de su madre en Puebla, dos años atrás, cuando ella tenía ocho años. La determinada niña se había prometido que no sería golpeada nunca más por el novio de la madre, no miraría ella abusar a su madre y hermanos en los impredecibles arrebatos de mal genio, y las injustas acusaciones del novio de su madre también le daban miedo. "Tú eres una haragana y estúpida, buena para nada. No quieres trabajar, holgazana." Él se burlaba con un olor a licor fuerte en la boca.

Olga, la madre de Dolores no protestó cuando Dolores le anunció que se iría a vivir con su tía y prima a Orizaba. Ella había conseguido que la dejaran ganar su estancia trabajando en la panadería. Las dos buenas mujeres le habían enseñado a hacer panes en forma de conchas de masa dulce, a surtir la vitrina y a limpiar las mesas de trabajo de aluminio con un brillo sanitario.

Pero después de dos años la panadería no produjo suficiente y la tía y prima de Dolores no podían darle más refugio.

Pero Dolores estaba decidida a no regresar a la violenta casa de su madre. Entonces ella caminó al pueblo más cercano donde su papá tenía una tienda. Cuando le pidió que la ayudara, él le recordó que él tenía una nueva esposa y familia. Le dijo que no había lugar en su apartamento. Le ordenó que regresara a la casa de su madre y le dió unos pesos para el tren de regreso a Puebla.

Dolores se sintió herida por su rechazo. No estaba dispuesta a obedecer a su padre al cual le importaba muy poco ella. Se compró un boleto para Tehuacan, treinta millas de Puebla. Ella esperaba que tal vez encontraría refugio con la hermana de su madre, que vivía en esa ciudad. No obstante, muy adentro, Dolores comprendía que sus fuerzas eran muy leves, su tía tenía que dar de comer a siete con su pequeño salario que ganaba limpiando casas. Dolores desembarcó del tren a medio día y caminó por el parque de la comunidad, dudosa de la dirección de su tía. Se compró un helado para almorzar, se desplomó en una banca del parque y miró a los hombres bigotudos darle migas de pan a las palomas.

Cuando la señora Estrella se acercó, su preocupación hizo que Dolores sufriera de su soledad. La señora Estrella se sentó junto a Dolores después de haber escuchado que no tenía casa. Enterneciendo a la señora, Dolores fabricó una historia para despertar simpatía. Ella le contó, a la señora Estrella, que había estado viviendo de familia en familia desde que sus padres habían muerto en un accidente de carro dejándola huérfana desde que ella tenía tres años. Ella se lamentó que no tenía casa ni trabajo y lloriqueó, diciendo "No, tengo ningun lugar donde dormir."

Al final de la tarde, Dolores se encontró a si misma limpiando el piso de la librería de la señora Estrella. Por cuatro meses, Dolores limpió, desempacó mercadería y la ordenó en los estantes. A cambio, la amable mujer la mandó a la escuela, le dio de comer y la dejo dormir en un colchón en el cuarto de abastos.

Entonces, un día fatal, la tía de Dolores entró a la librería a comprar algo para su patrona. En ese momento Dolores entró al cuarto de la librería con una escoba. "Dolores, ¿qué estás haciendo aquí? Tú madre cree que estás muerta."

Al día siguiente, Olga, la madre de Dolores, llegó avergonzada de la evasión de su hija. Se llevó a Dolores de regreso a Puebla.

Nuevamente, Dolores obstinadamente se resistió a quedarse en la violenta casa de su madre. Buscó un trabajo como empleada doméstica viviendo adentro en la casa. Por seis años Dolores trabajó como empleada doméstica y niñera en diferentes casas en las cercanías de Puebla. Ella fue a la escuela ocasionalmente, no lo suficiente como para estar a la altura de los estudiantes que asistían regularmente, pero aprendió a leer y escribir. Muchos vecinos y parientes la trataron de convencer de que regresara a la casa de su madre. "No, yo vivo donde yo quiero," respondía firmemente.

Años más tarde Dolores recordó los peligros que había enfrentado mientras vivió por si misma. "Encontré alguna gente mala en mi camino. Hubo hombres que trataron de propasarse cuando yo era muy joven. Pero muy pronto aprendí a mantenerme alejada de ellos."

Aunque ella no vivía con su familia, frecuentemente visitaba a su madre y hermanos. Ella los amaba, y en cada visita ella sufría con tristeza y frustración de verlos sufrir con la crueldad del novio de su madre. Ellos estaban atrapados porque Olga se veía a sí misma dependiendo de su hombre. Cada año, Olga tenía un niño de su novio, aunque ya tenían suficientes bocas que mantener. Generalmente el novio le quitaba dinero hasta que ella tenía que pedirle a Dolores que le diera de su poco salario para comprar comida.

"¿Mamá, por qué se queda con ese hombre que la maltrata?"

Olga respondió, "Porque él es el padre de mis hijos."

La respuesta no le satisfizo y le dijo a su madre, "¿Qué clase de padre es él? Él no le da dinero para mantener a los niños. Él la hace quedarse en casa y sólo le permite tener hijos. ¿Porqué sigue con él? Si un hombre me dijera, 'Te voy a pegar,' yo le diría, '¿Quién eres tú para amenazarme? Yo no te necesito. ¡Yo puedo hacerme cargo de mi misma!' Madre, yo nunca me casaré para que alguien me mantenga."

Unas semanas después de la conversación que tuvieron, Olga murió a causa de una pérdida al caerse de las escaleras de su casa. El novio convenció a los médicos que había sido un accidente fatal.

Dolores es ahora adulta y madre de cinco, ella siempre está pensando en lo trágico e injusto de la muerte de su madre. Dolores les enseña a sus hijos a ser independientes para protegerse a si mismos de las durezas de la vida como las que su madre vivió. "Ustedes tienen que ganar para lo que necesitan porque nadie está obligado a darles esas cosas," ella los aconseja cruzando los brazos sobre su vestido amarillo. "Cuando sean adultos ustedes vivirán en sus propias casas con sus hijos y esposas. Yo los ayudaré a ellos cuando sus hijos estén enfermos o en serios problemas. Pero no me meteré en sus vidas para complicárselas, ustedes serán responsables por ustedes mismos."

En las semanas después de la muerte de su madre, Dolores encontró casas para sus hermanos pequeños y medio hermanos donde pudieran vivir. Por años ella se ha mantenido en contacto con ellos, ella también continuó trabajando para mantenerse en panaderías y de empleada doméstica.

Dolores se casó a los diecinueve años, con su propia promesa de que se casaría por el amor. Dolores dio luz a un niño y una niña en los siguientes cinco años. Después el amor por su esposo se convirtió en disgusto porque él perseguía a otras mujeres. Dolores se rehusaba a tolerar su infidelidad, ella lo miraba como una forma de abuso. Ella le pedía a su esposo que cambiara, pero él no podía dejar de ser mujeriego. Entonces, después de siete años, ella también lo dejó.

Dolores tenía veintisiete años cuando ellos se separaron. Debido a que ella tenía que mantener a sus hijos, ella se fue al norte. Ella había oído que podía ganar más dinero en California que en México. Ella no tuvo otra opción que dejar a sus hijos con el padre por un tiempo, el camino para los inmigrantes ilegales era muy peligroso para que los niños viajaran. Ella les prometió que regresaría por ellos cuando pudieran alquilar un apartamento.

Dolores cruzó la frontera de México sola, como ella había vivido toda su vida. Ella caminó por tres días en el camino desierto hasta que llegó a los campos verdes del sur de California. El sol brillante manchó su bronceado color y lo puso más oscuro.

En California, Dolores compartía las filas de trabajadores inmigrantes que seguían anualmente las cosechas progresivas del Valle Imperial, uno de los campos de crecimiento más ricos de los Estados Unidos. Con su suave clima alimentando sus cosechas durante todo el año. En invierno Dolores cultivaba y cosechaba pimientos, melones y lechugas. En el verano ella trabajaba en los campos de remolachas.

En 1986, Dolores fue una de las primeras mexicanas en aceptar la oferta de amnistía del gobierno de los Estados Unidos, para los trabajadores agrícolas, inmigrantes ilegales. Bajo esta oferta ella se convirtió en residente permanente de los Estados Unidos hasta la fecha. Dolores vivía pobremente de esa manera, ahorró dinero, conocimiento que ella había aprendido muy bien en su niñez. En un año ella pudo comprarse una camioneta Ford, usada, y también pudo dar un enganche para una casa remolque de dos dormitorios.

Ella estaba lista para mantener a sus hijos, pero cuando ella regresó a Puebla, su ex esposo se negó a darle a sus hijos ni siquiera temporalmente.

Enojada por su actitud inflexible, Dolores, impulsivamente, tomó a su hija de dos años, Emilia, que estaba jugando enfrente de la casa del ex-esposo. Él, en respuesta, se enfadó con la actitud de Dolores, y no le ha permitido ver a su otro hijo desde ese día.

En los últimos once años Dolores ha podido hablar por teléfono unas pocas veces con el muchacho. Su hijo, Oscar, de dieciséis años ya se graduó de la escuela secundaria y trabaja en la hojalatería con su padre. Dolores está esperando que cumpla dieciocho años, y así ser legalmente en un adulto. Después ella será libre de acercarse a él debido a que él será libre de responderle sin el permiso de su padre.

Después de su inútil intento de reclamar a sus dos hijos, Dolores regresó a California con Emilia. En 1987 se volvió a casar otra vez creyendo que había encontrado el amor duradero. Ella tuvo tres hijos con su nuevo esposo, antes de que los chismes empezaron de que su esposo era mujeriego. Cuando Dolores lo confrontó acerca de los rumores, él confesó y parecía arrepentido, pero en las siguientes semanas él hizo avances sexuales a la hija de trece años de una vecina. Enferma de su comportamiento ella lo sacó de su vida.

Dolores tenía ya suficiente de California, le traía amargas memorias de traición y fracaso de amor. Ella vendió su casa móvil, amueblada por $5,000.00. Después ella y sus cuatro hijos se dirigieron a St. Paul, Minnesota. Era 1991.

Sus compañeros de trabajo le habían recomendado a Minnesota como un buen estado para criar hijos y que había mucho trabajo y las escuelas eran muy buenas. En Minnesota gente muy buena la ha ayudado a encontrar apartamento y le enseñaron los lugares donde podía ir a buscar trabajo, pero pronto ella se dio cuenta que era más caro vivir en el frío de Minnesota que en California. Era imposible mantener a sus hijos y pagar la guardería con los $8.00 que ganaba por hora, procesando papas.

En unos meses había gastado todos sus ahorros. Dolores se vió obligada a pedir ayuda al gobierno para poder mantener a sus hijos. La familia sobrevivió con la ayuda del gobierno por algunos años. Dolores ganaba un poquito extra cuidando niños. Ella estiró su dinero comprando ropa y cosas para su casa en tienda de segunda. Cuando su despensa estaba vacía antes del fin de mes, ella acudía a la cocina de ayuda del vecindario, en Neighborhood House donde voluntarios de iglesias cocinaban por la noche para darle de comer a los necesitados, sin hacer ninguna pregunta. Sus hijos mayores asistían a la escuela, y Dolores era voluntaria para las excursiones en la clase de Emilia. Ella se sentía agradecida por la oportunidad de poder ayudar. Ella se sentía avergonzada de vivir de la ayuda del gobierno. Ella ansiosamente esperaba el día en que su hijo menor pudiera asistir al primer grado, así ella podría trabajar tiempo completo.

Mientras tanto, algunos amigos le presentaron a Leonardo, un hombre flacucho cuyo trabajo era mil usos y que acababa de llegar de Tejas. Leo necesitaba un lugar para dormir y guardar sus instrumentos. Ellos insistieron para que ella le alquilara un cuarto extra que ella tenía en el sótano, pero Dolores no quería saber nada respecto a hombres. Sus amigos insistieron, "Leo es bueno, trabaja fuerte, no toma."

Gradualmente ella accedió y lo dejó que se mudara, no después de exigirle que prometiera no tomar ni fumar en la casa, y no entrar en su apartamento.

Meses pasaron. Cuando ellos se cruzaban en el patio Leo le daba un amistoso "¿Hola, cómo le va?" Un día su hijo de siete años, Gerardo, le pidió a Leo que lo ayudara a construír un pequeño bote de vela que flotara en la tina. Dolores los escuchó riéndose a través del cedazo de la ventana, tras la cortina. Leo era muy bueno con su hijo. Dolores se sintió obligada con Leo y le ofreció un vaso de té frío en agradecimiento. Después ellos se ponían a platicar en el patio de atrás, así fue como su amistad empezó. Cuando el tiempo pasó Dolores tuvo que admitir que Leo era un hombre decente. Cuando él no estaba trabajando estaba en la casa. A Leo le gustaban sus hijos y jugaba con ellos, les contaba historias de su niñez cuando él vivía en un rancho cerca de San Antonio, Tejas. Un día ella y Leo fueron a bailar a la discoteca con unos amigos. Bailando en sus brazos, Dolores tuvo que admitir que se había enamorado nuevamente. Ella se había resistido a esos sentimientos por meses. Ella tenía miedo por las amargas experiencias con los esposos anteriores. Finalmente ella cedió a la necesidad de amor y tomó a Leo en su corazón.

Dolores, Leo y los niños han vivido como una familia por los últimos tres años. Dolores tomó un trabajo en una bodega de surtido de computadoras cuando su hijo más pequeño, Mateo, empezó el primer año en la escuela. Dolores y Leo juntaron sus cheques de pago y compraron una casa doble. El dinero del alquiler que ellos ganan es suficiente para pagar la hipoteca. Dolores sueña con inscribirse en un colegio técnico para aprender mejor inglés y aprender el negocio de servicio de comida. Día a día Leo le prueba que es un padre bondadoso y un compañero fiel para Dolores. Ellos planean casarse, y como Dolores, Leo también se casará por amor.

Searching
for a
New Horizon

Immigration Journeys of Hispanic Women
Compiled and Edited by Trudy Broshears

A Project of Mujeres Hispanas en Acción
under the auspices of Neighborhood House
179 Robie Street East
Saint Paul, MN 55107

Special thanks to Neighborhood House for guidance and in-kind support
for this project.

Sexton Printing
250 East Lothenbach Avenue
Saint Paul, MN 55118

Cover Design: Marvin Zapata
Layout: Dorine McInerney

ISBN 0-9719028-0-1

Contents

Acknowledgments

Mujeres Hispanas en Acción gratefully acknowledge the many individuals who have volunteered their time and talent to create this book. We also heartily thank the organizations and individuals who have funded its production and distribution.

Special thanks to the brave women who told their stories for this book:

Consuelo	Paula
Dolores	Pilar
Esperanza	Rosario
Gracia	Veronica
Mara	

Funders

The College of St. Catherine project, Diversity and Democracy in Higher
    Education, funded by the Bush Foundation
COMPAS
El Fondo de Nuestra Comunidad, The Saint Paul Foundation

Contributors

Multicultural Communities in Action, Americorps Program
Neighborhood House (in-kind contribution)

Project Coordinator

Trudy Broshears

Project Committee

Poli Fay, chair, and members of Mujeres Hispanas en Acción

Design and Illustration Coordinator

Marvin Zapata, senior at the College of Visual Arts, Saint Paul

Layout

Dorine McInerney, senior at Metropolitan State University

Translators

Tessa Bridal
Mayra Colón-Lima
Jenny Finden Watson
Thomas and Jean Larson
Maria Luisa Parra-Westerberg
Silvia Paz

Proof Readers

Maria Cervantes
Karen Lamm
Sandra Lugo-Gily
Rosario Neri
Evelyn Rivera
Hilda Salinas
Luis Segara

Consultants/Critical Readers

Mary Ellen Halverson
Karen Lamm
Jane McClure, journalist
Mujeres Hispanas en Acción
Tom Sexton and Kim Weeks of Sexton Printing
Dan Stoneking, journalist
Caroline A. White, assistant professor of Spanish at the College
    of St. Catherine

Project Advisors

Jo Anna Bradshaw, board member, Neighborhood House
Sandra K. Fuller, former director of programs, Neighborhood House
Daisi Martin Gavoli, social services director, Neighborhood House
Theresa Gomez, former social services director, Neighborhood House
Dan Hoxworth, president, Neighborhood House
Gloria Rosario, social worker and former Mujeres Hispanas en Acción
    group leader
Mary Rymanowski, social worker and former Mujeres Hispanas
    en Acción group leader
Cynthia Truitt, social worker and former Mujeres Hispanas en Acción
    group leader

Searching for a New Horizon
A Multicultural Collaboration

This collection of real-life immigration journeys is a dream come true for a group of Hispanic women who have met at Neighborhood House on Saint Paul's West Side since 1989. The group is known as Mujeres Hispanas en Acción (Hispanic Women in Action). Weekly, these women participate in educational and social activities while their children enjoy supervised crafts and games.

The Mujeres women first talked of writing a book about immigration some six years ago during a group discussion about diversity. The women, who have come to Minnesota from Spanish-speaking countries, wanted to broaden the public's understanding of immigration. Their book would offer a glimpse into the varied personal backgrounds of immigrants, including the cultural, economic and political situations that cause the Juans and Juanitas to seek homes in our North Star state.

Lacking resources to produce the book themselves, the women sought partners who shared their vision. They found people and organizations to help with various aspects of their project. To begin, the group found local Hispanic women who wanted to tell about their immigration and settlement experiences. Trudy Broshears interviewed those women and wrote their stories. Then Trudy worked with volunteers who translated the stories, so the book could be printed in Spanish and English, making it accessible to a wider audience. As months passed, Mujeres Hispanas en Acción continued to guide all aspects of the project, and more people joined their effort. Advisors and critical readers offered ideas to complete the book. After listening to the women's ideas, Marvin Zapata, a talented senior at the College of Visual Arts, created several dynamic cover designs for the women to choose from. Marvin also guided the children of the Mujeres group to make sketches that appear as chapter headings. Dorine McInerney, a technical communication student at Metropolitan State University, formatted the text. Sexton Printing offered technical advice to ready the book for printing. Publication and distribution costs were generously funded by the College of St. Catherine project, Diversity and Democracy in Higher Education, funded by the Bush Foundation; COMPAS; and El Fondo de Nuestra Comunidad of The Saint Paul Foundation. Mujeres Hispanas en Acción

group is deeply grateful to all who furthered this project through volunteer efforts, funding, technical support, and in-kind contributions.

Mujeres Hispanas en Acción have three objectives in publishing this book. The first is to explain why Latin Americans leave loved ones and familiar places in order to reconstruct their lives in the USA. The Mujeres group believes that most Hispanic immigrants come to the United States for honorable reasons. They make their point by showing the lives of diverse Hispanic women who were selected randomly for this project.

The women in this book immigrated to Minnesota for basically the same reasons that immigrants have come here from all over the world. They sought work that would allow them to support their families. They wanted better schooling for their children. They fled poverty, lack of economic opportunity, and oppressive governments. Some of the women left abusive husbands and had to provide for their children without help. Others came here out of fidelity to their spouses or other loved ones who immigrated. Most were influenced by friends and relatives who had preceded them to the Twin Cities and told them about satisfying work and social lives they had established here. Stories of America's promise and opportunities inspired these women.

Increasing numbers of Hispanics immigrate to the USA each year. Minnesota's Hispanic population soared during the 1980's. By April 2000, the U.S. Census reported 35,300,000 Hispanics living in the USA. Hispanics are now the United States' largest ethnic minority, comprising 12.5 per cent of the population. Minnesota cities such as Faribault, Willmar and Northfield count hundreds of Hispanics among their populations. These new residents contribute to society in many ways. They buy houses, form churches, work in local industry, pay taxes and shop on main street. They also start businesses. According to IRS statistics, there were over 3,600 Hispanic-owned companies in Minnesota in 1997. These businesses reported total receipts of $392,714,000.

It is important to note that this book focuses on immigrants rather than refugees. Each year, the United States admits refugees, people whose lives and human rights are endangered in their homelands because of their ethnicity or their religious or political persuasion. In the past few decades, the USA has welcomed refugees from Guatemala, El Salvador, Somalia, Bosnia, Russia, Laos and Cambodia, among others. The women profiled in this book are not considered refugees. However, most of them fled economic and living conditions that threatened their very survival.

7

The group's second objective for this book is to help newly arrived Hispanic women adapt to life in Minnesota by showing them how other women have successfully settled here. The Mujeres women also want to inform Latin Americans back home about challenges they might face if they immigrate. While many prospective immigrants are attracted to the USA as a rich country offering high wages, some are unaware that many newcomers must work extremely hard just to survive. Job seekers in the U.S. need skills, English fluency and knowledge of U.S. culture in order to earn a living wage. Immigrating professionals: doctors, nurses, teachers, barbers, lawyers and others must pass state or federal exams in order to be licensed to practice here. In addition, professionals might need further schooling to meet U.S. standards. Prospective immigrants should also know that hardships result because some employers, service providers and landlords take advantage of foreigners who do not speak English or who are ignorant of U.S. laws, customs and culture.

The Mujeres group's third goal is to offer these stories to their children and grandchildren as a record of Hispanic immigrant life. Immigrants who raise their offspring in the United States often find that their families become a mix of two cultures. Newly arrived adults tend to feel more comfortable with their native culture and language while their children pick up English rapidly. Some children are even called upon to interpret for their parents at school conferences, in clinics and in stores. Gaps can occur between generations as children learn U.S. customs and make friends with children from other cultures at school. They begin to talk and dress like their non-Hispanic classmates. They might feel resentful their parents are too strict in comparison to their non-Hispanic friends' parents. Because children of immigrants have opportunities to adapt to our culture that their parents lack, they might not understand how hard their parents strive just in order to function in an alien society. In addition, children who are born in the USA of immigrant parents or those who are brought here at an early age might be unaware of compelling situations that pressured their parents to leave their homeland.

Mujeres Hispanas en Acción hopes that you will enjoy these stories. The group offers this book as an opportunity to meet some of our Hispanic neighbors and learn about their dreams and dilemmas.

Mujeres Hispanas en Acción

Mujeres Hispanas en Acción is a social and educational group for Hispanic women who are more comfortable using the Spanish language than English. Beatriz Garces founded Mujeres Hispanas en Acción in 1989 when she was a social worker at Neighborhood House. Members come from Mexico and other Spanish-speaking countries. The women design their own meeting agenda. Their activities promote self-empowerment. The women learn to resolve cultural conflicts and access community resources. They also make friends within the group and celebrate Hispanic holidays and customs. Mujeres Hispanas en Acción meets weekly at Neighborhood House on St. Paul's West Side. The women's children meet for games and crafts at the same time.

One objective of Mujeres Hispanas en Acción is to promote Hispanic culture in the Twin Cities. The women willingly share Hispanic traditions because they believe that every culture has customs that can enrich our country. In 1990, the group introduced the Mexican custom of building and decorating altars for *el Dia de los Muertos* (Day of the Dead). Every November 2, Hispanics honor loved ones who have passed away. Yearly, Mujeres Hispanas en Acción create an altar on the West Side for the enjoyment of the community. KTCA TV filmed the women as they sang, kneeling around their altar. The camera also recorded group members recalling *Dia de los Muertos* traditions in their homelands. KTCA aired their reflections in its *Neighborhood Project* series in the spring of 1997. In 1996, group members prepared traditional Mexican foods for the Minneapolis Institute of Arts' popular *Dia de los Muertos* exhibit. In other community service, Mujeres Hispanas en Acción contribute to the success of the West Side's annual Cinco de Mayo celebration by selling traditional handmade crafts and foods. Through this sale, the women raise funds to support the group's activities, such as excursions for members and their families.

Neighborhood House

Mission:	*Building doorways of opportunity for vibrant, diverse communities.*
Vision:	*To be the community-building resource for an increasingly diverse Minnesota.*

Since 1897, Neighborhood House has been responding to the needs of Saint Paul's West Side and beyond. Neighborhood House was created as a settlement house by the women of Mount Zion Temple to serve Russian and other Eastern European Jewish immigrants living on the West Side. As more than fifty different ethnic groups moved into and through the area, Neighborhood House evolved into today's multipurpose, multicultural community center.

Neighborhood House is a place where participants' assets can be turned into successful futures. It is also an environment where people feel their culture, language and customs are embraced, not ignored. With the ability to function bi-culturally, participants are better able to get jobs, improve their economic status, raise healthy children and become contributing members of the community. As Neighborhood House participants join the mainstream, the community benefits from their talents, cultures, strengths and interests.

Now, building on more than a century of experience with diverse communities, Neighborhood House is working to be the community-building resource for an increasingly diverse Minnesota. *Searching for a New Horizon* is a first, exciting step toward the fulfillment of that vision. It is a way to share not only the expertise of Neighborhood House, but also the expertise and assets of program participants and community members; a way to share with increasingly diverse communities throughout Minnesota.

The names of persons profiled in this
book have been changed to protect
their privacy.

Esperanza
An Expatriate Returns to the USA

Esperanza's heart raced as she placed the phone receiver on its cradle. Antonio, her third-born, had been rushed to the hospital. His friends in St. Paul had phoned to tell her that Antonio's doctors feared he might die of pneumonia. Esperanza wondered how that could be, Antonio had always been so strong. She knew she must go to him at once!

The next hours passed in a blur of activity. Esperanza reserved a round trip airline ticket from her home in Mexico City to St. Paul. She wrote a list of housekeeping details for her husband and their grown daughter, who would care for the family home in her absence. Then she packed two sturdy suitcases. She guessed that she might be in Minnesota as long as a month, depending on the course of Antonio's illness.

The next morning, Esperanza requested a visa to enter the United States. The government official at the American embassy asked to see her passport or birth certificate. Esperanza unfolded two worn documents and handed them to him.

He scanned the papers and then looked at her incredulously, "Why, you are an American, *Señora!* You were born in California!" He noted that her permission to remain in Mexico had long expired and explained, "I'm going to send you to the Mexican Office of the Interior. You need a permit rather than a visa to legally exit Mexico."

An hour later, Esperanza presented her birth certificate to the worker behind the desk at the Office of the Interior. "When did you last enter Mexico?" he questioned as he peered at the document.

"In 1942," Esperanza replied. My brothers and sisters and I came with our mother. I was ten. Mexico has been my home ever since." She handed him her mother's passport.

The official thumbed through the faded booklet. "According to this passport, you entered Mexico as an American tourist. Our government gave you permission to visit for a few months, but instead you have stayed on illegally for almost fifty years!" he accused.

Esperanza explained that she hadn't meant to do wrong. Even though she was born in California, her mother had raised her in Mexico according to Mexican traditions. Why, she hadn't thought of herself as an American for decades! Esperanza had attended school, worked in

Mexican industry, married, and raised her eleven children in the bustling center of the country's capital. She felt so at one with Mexican culture that when anyone asked her nationality she would automatically respond, "Mexican." Esperanza leaned forward, palms up, imploring the official to understand that her family, her work, her life were in Mexico.

He listened, stone-faced. Then he instructed Esperanza to remain seated and strode to another official's desk. She watched, expectantly, as he conferred with his colleague.

Esperanza told me about her attempt to visit her ailing son as we sat at her dining room table. I had come to her St. Paul home on an icy December morning. Esperanza, an energetic, sixty-five-year-old grandmother, passed me a plate of her homemade tamales. As I nibbled, I listened in suspense. Esperanza spoke rapidly, intensely, gesturing with nimble hands worn down to sinew and knuckle from years of daily chores.

Esperanza explained that although she was born in the USA, she grew up in Mexico because her mother would live nowhere else. She showed me her parent's brown-tone wedding photo. Esperanza's father, Candido, a courtly man, wore his tailored 1920's suit as comfortably as if it were his second skin. Son of a rich Mexican-American businessman, Candido grew up in California. He was educated in English universities and then built a distinguished career as a university professor. Esperanza's mother, Delfina, a slight woman with bobbed hair, was born and raised on Mexico's Yucatan peninsula near the Guatemalan border. As a young woman, Delfina moved to New Orleans, where she stitched fine embroidery for a living. She met Candido, ten years her senior, when he attended an educators' conference in New Orleans. They set up housekeeping in San Francisco, where Candido taught languages. Their four children were born over the next decade. They enjoyed an easy life, taking for granted the luxuries of travel opportunities, an abundance of books and their circle of cultured friends.

Yet Delfina was discontented. She preferred Hispanic culture to that of the USA. Living far from her family, she became increasingly lonely. She urged her husband to sponsor some close relatives from her native Yucatan to live near her, but Candido balked. She pleaded with Candido to move the family to Mexico, but he preferred to remain in the United States where his teaching career was thriving.

When Esperanza was seven, Candido sent Delfina and their children to Mexico for a vacation. They did not return for Delfina refused to leave her beloved country. The couple lived apart for three years before Candido persuaded his wife to return to him. However, only months after

they reunited, their eight year old son died of a fever. Delfina's grief overpowered her will to give the USA and her marriage a second chance. She moved to Mexico City with her three remaining children, vowing never to return. Reconciled to his wife's decision to remain in Mexico, Candido paid the rent on an apartment for her and their children while he continued to teach in the USA.

In order to earn the additional the money she needed, Delfina took a job in the finishing department of a Mexico City yarn and fabric mill. Her quick eyes scanned yardage for flaws in color, weave and design. Delfina sent for her grandmother in Yucatan to care for the children while she worked. Eventually, she brought her father and five brothers to live near her, as well; Delfina's mother had died years before.

Delfina raised her children as Mexicans, even though they were American citizens. She placed them in Mexican schools alongside her neighbors' children. In the U.S., Esperanza's father had home-schooled his children and had always spoken to them in English. The children understood him, but replied in Spanish, the language Delfina used. Back in Mexico, Delfina told them that they need not study English; their Mexican roots were more important to her. Delfina was of Mayan descent and spoke one of the Mayan languages. Esperanza was charmed by the folk tales of the Indians of Yucatan that her mother used to tell. At age ten, Esperanza announced, "I'm going to become Mexican!"

Delfina countered, "No, you were born American and American you will stay!"

After Esperanza finished secondary school, she joined her mother in the yarn and fabric mill. Day after day, Esperanza tended rainbow colored threads that sped from spool to shuttle. She took pleasure in watching the silken rivers of fabric flow from knitting machines that roared loud as waterfalls.

Esperanza married at age nineteen. She and her husband, Manuel, made a strong team, honest and industrious. For the next forty years, they labored together to earn a living and make a secure home for their eleven children. Manuel was a shirt cutter by trade. Bending over a wide table, he would deftly liberate sleeves, yokes, and collars from layers of cotton, linen and silk. In time, Esperanza and Manuel opened their own *taller* (workshop). Esperanza believes that it was in their best interest to work for themselves and rely on their own initiative. "It is easy to start a business in Mexico. Four machines and a table and you have it," she declares. Manuel could reproduce any shirt design he saw without the

aid of a pattern. His skill pleased their customers, and their workshop thrived.

One by one, their sons went to work in the *taller,* helping out after school. Through Esperanza's and Manuel's example, the boys observed that hard work and integrity bring satisfaction and self-respect. The boys learned sound business practices in the family *taller* that have helped them achieve success as they established their own careers. Today, Jesús is director of a company that delivers heating and cooking gas to homes. Jose, Gerardo and Pedro sell electronic equipment in their own shop. Fernando owns and drives a taxi. Guillermo, Gamaliel, and Mateo are computer programmers. Esperanza and Manuel's last two sons live and work in the United States. Ricardo is a cook in Southern California. And then, there is Antonio.

Antonio came to Minnesota in 1982. His employer, an American oil company, sponsored him to study accounting at the University of Minnesota. By the time that pneumonia struck him in 1991, Antonio had become a permanent U.S. resident and worked several years as an accountant and bilingual counselor for a junior college.

While Antonio's doctors treated him for pneumonia in St. Paul, Esperanza struggled to resolve the problem of her illegal residency in Mexico and get permission to leave Mexico so that she could comfort her ailing son. The officials at the Mexican Office of the Interior were the powers that would decide the matter.

Esperanza recalled that she prayed for deliverance as they whispered in a huddle, glancing at her over their shoulders. Finally, the stone-faced official returned to his desk. He cleared his throat importantly, "*Señora,* your offense is grave and normally carries a fine. However, I believe that you meant no harm in living here illegally. Yet under law, you cannot reside in Mexico any longer. You have fifteen days to put your affairs in order and leave the country. If you stay, you will be penalized and deported. From now on, when you visit Mexico, you will come as a tourist. As a tourist, you can remain here for three months at a time. If you overstay your permit, you will be fined."

Ten days later, Esperanza sat by Antonio's bedside in his tiny St. Paul apartment. She had arrived too late to comfort him in the hospital. Antonio had beaten the pneumonia, but the virus had left him so weak that he couldn't return to work for a month. Esperanza busied herself preparing his favorite Mexican dishes in order to help him regain his appetite and strength. After Antonio recuperated, he rearranged his life to accommodate his mother since she would have to reside in the

USA most of the time. He bought a small house on St. Paul's West Side, a predominately Hispanic neighborhood, where he believed she would feel most at home.

Yet to Esperanza, St. Paul was very different from Mexico. Like many people who move to a foreign culture, Esperanza felt overwhelmed, out of place and insecure. She was afraid to venture out on her own because she couldn't make herself understood in English. During her first two years in Minnesota, she hardly left her home, not even in the summer when she could have met her neighbors and explored her neighborhood in a climate as comfortable as Mexico's. Antonio came home each evening and found her knitting on the couch, just as he had left her in the morning.

However, it was not only fear of an unfamiliar culture that kept Esperanza in seclusion. She longed for her children, her thirty-five grandchildren and her old friends in Mexico City. She missed familiar shops and avenues. Above all, she mourned her separation from her husband. At seventy years of age, Manuel felt that he was too old and too ill to leave Mexico. Diabetes had weakened his legs, and he had to move about with a walker or wheel chair. Rather than join Esperanza in St. Paul, he chose to remain in the comfort of the family home with their only daughter, a ceramic artist.

Esperanza recalls, "It wasn't easy to leave my family. But when Antonio was struck with pneumonia, I didn't think about the consequences of leaving Mexico. I left because my son needed me, and for him I would make the same choice again. I came to the United States as a stranger even though I'm a U.S. citizen. I imagine that when *jovenes* (young people) come here, they come with anticipation, but *viejos* (older people) come reluctantly. We leave long lives behind us. We are less adaptable than *jovenes* with strong backs who can easily find work. We struggle with the language and the customs. The youngsters learn English more quickly than us."

Initially, Esperanza eased her homesickness with occasional trips back home. Now, six years later, she continues to live with one foot in Mexico and the other in the USA. She travels to Mexico City for one to three month stays several times a year. Ninety days per trip is the maximum her American tourist status allows her to remain.

Since Esperanza first arrived in Minnesota, she has clung to the beloved customs she observed in Mexico. Esperanza hung bold tapestries by Mexico's weavers on her walls and flung them over her couch. Jaguars, eagles and coyotes, reminiscent of the angular figures on the

Aztec calendar, glare from woolen fabrics. The walls of her house vibrate
with the electric prints of Mexican painter, Frida Kahlo. Esperanza, a
devout Catholic, maintains a card table size altar like those found in many
Mexican homes. In its center, a ceramic statue of the Virgin reposes
among offerings of votive candles and fresh flowers. A 10-inch skeleton,
attired in evening gown, symbolizes the Mexican view of death as a
natural state to be embraced with awe and humor. Photos of deceased
loved ones complete Esperanza's shrine. A weighty crucifix, carved by
Antonio, looms above the altar. Its rough-hewn wood brings the true
Cross to mind.

Curiously, Esperanza's display of Mexican culture, born from her
allegiance to her Mexican self, has helped her to define her role in
American society. Today, Esperanza is known as a keeper of the culture.
Antonio's friends were the first to become enchanted by Esperanza's
collection of Mexican folk art, her animated conversation and her
knowledge of Mexican customs. They made it a habit to drop by her home
to chat and sample her spicy *tamales, mole* and *frijoles refritos.* They
adopted Esperanza as their *abuelita* (grandmother). "Being with you is
like being in Mexico, *Doña* Esperanza," they tell her to this day. *Doña* is
a Spanish form of address used to express respect for an older woman.

Heartened by the knowledge that she had something special to offer
the community, Esperanza widened her circle of acquaintances. A
neighbor introduced her to a senior citizen club that meets at Neighborhood House within walking distance of her home. Then Esperanza
began to venture into the shops. She recalls, "At first I felt sad because
people didn't speak Spanish on the street. Now the language difference
doesn't bother me because I have learned how to ask for what I want. I
understand English, but I don't speak it well," she confided. "However, I
decided I'm going ask for what I need, even if people laugh at me. I am
determined to survive no matter where I am! The other day a store had a
sale, five pairs of children's pants for ten dollars, but the cashier wanted
to charge me seven dollars each! I tried to tell her the price, but she
didn't understand me so I carried the sale sign from the display to her at
the checkout. That cleared our misunderstanding."

Esperanza went into the kitchen and came back carrying two cups of
dark, sweet coffee. As we sipped, she mused about how living in Minnesota has changed her. "My old friends in Mexico say that I have become
more independent. Oh, not the independence of an American, but the
independence of a person. Here, I have my own identity. In Mexico,
people associate me with my family and there is always a grandchild or

niece or daughter-in-law to walk to the store or to church with me. Far
from my family, I must value for myself. Here, people know me because
I have my own catering business. I make Mexican dishes for fiestas, and
I sell tamales by the dozen. I have made up to two hundred tamales at a
time for parties at museums, businesses and organizations! I don't lack
for work because people know that my recipes are authentic and the
quality is good. I also sell trinkets I bring back from Mexico.

"Financially, I'm lucky because Antonio earns good wages, and we
share household expenses and work as a team. Yet I have my own
expenses, too. My husband's illness requires expensive treatment. I like
to earn my own money in order to do as I please. So I have my own
business, and I can send money to help my family.

"I feel sorry for immigrants. How are they going to get ahead all on
their own? They come here because they hear that they can earn higher
wages in the USA than in Mexico, but they don't understand that it is
very expensive to live here. So they go to work in hotels for five or six
dollars an hour. They often spend all they earn just to survive.

"Some men leave their wives and children behind. They work too
hard to earn money to send back home, and they grow weary. Some of
them forget what they have in Mexico. They forget their families! Other
men return to Mexico and find that their place is taken. Yes, this
happens! Ah, nothing in life is easy, neither here nor in Mexico.

"The U.S. government talks of cutting benefits for legal immigrants,
even though these people work and pay their share of taxes. SSI was
already cut and then restored! So these are uncertain times for immigrants. I don't believe in loafing or asking for unnecessary handouts, but
when people have a true need, we must help them! Neither Antonio nor
I have asked for charity, and my son has lived here for fifteen years!"

Esperanza likes to contribute to the community, toting traditional
dishes from her kitchen to most gatherings she attends. In addition, she
and Antonio are perennial vendors of Mexican folk art at the West Side's
annual Cinco de Mayo festival. Esperanza is sought for her cultural
knowledge by organizations who create exhibits and fiestas to celebrate
Mexican culture, as well.

As Esperanza and I ended our conversation, I poked among the corn
husk wrappings on my plate, searching for moist tamale crumbs. I wanted
to keep the spicy taste on my tongue, even though I was so full that I had
declined Esperanza's offer of a third helping. Esperanza traced the frame
of her parents photo with a fingertip and looked back on her six years in
Minnesota. "When I came here in 1991, I grieved, 'Oh, never to live in

Mexico again!' But now I have adjusted. Yes, I still miss my family, but we remain close. My daughter wants to immigrate to St. Paul, God willing. My husband has agreed to come with her if his heath permits. I am making arrangements to sponsor them to live here. We can only hope! But even if they come, I will still have eight sons and their families in Mexico City. I imagine that I'll travel between St. Paul and Mexico for the rest of my life!"

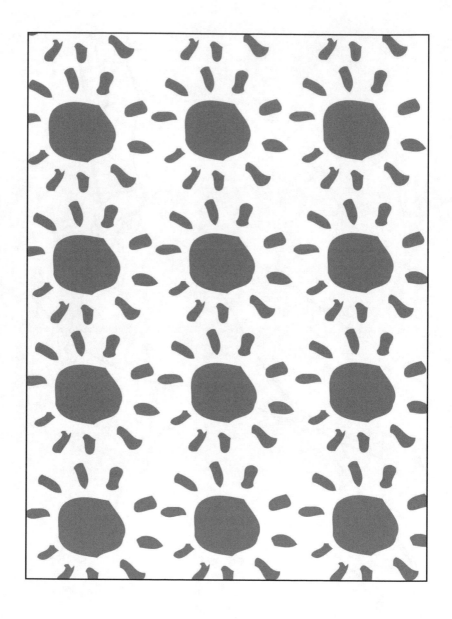

Searching for a New Horizon

Gracia
Fleeing Abuse

Gracia trembled as the young lawyer pleaded with her in the hospital corridor, "Who did this to you? Tell me!" Gracia flushed and bowed her head to keep his concerned eyes from the hand-sized bruise that spread like a thunder cloud over her temple, cheek and jaw.

The emergency room staff had come to know Gracia over the years as they treated her for various injuries: loosened teeth, a split lip, a hairline fracture of the wrist. They doubted her explanations for her injuries. She'd apologize and murmur that she was accident prone, that she had tripped over the dog or had bumped into an open cupboard door. But when the nurses asked about her latest bruises, Gracia only mumbled, weak and confused, "I don't know, I don't know…"

"Surely you must remember!" the befuddled nurses coaxed. Gracia would say no more. So the nurses whispered together in the hall outside the examination room. Then they summoned the young lawyer who was stationed at the hospital to defend people who suffer injuries at the hands of others. To Gracia's distress, the lawyer began to gently question her, pressing her into admitting a secret she'd hidden for years.

"You have to tell the lawyer that your husband beats you," urged Olga, who had driven Gracia to the hospital. Olga, Gracia's sister-in-law, took Gracia's icy hands in her warm ones, "Think of your children. Remember how Lalo threw Guadalupe and Adriana out on the street because they tried to stop him from hitting you. Your kids have begged you to leave Lalo ever since. Listen, I feel bad about talking against Lalo, he's my brother. But Gracia, he's lost control! You and the children need not suffer because of his fits." Olga pleaded. "Tell the lawyer that it was Lalo who hit you. Please tell him!"

"No, I'm ashamed," Gracia whispered.

"Tell him, Gracia!"

Several weeks later, the young lawyer helped Gracia to file for divorce from the man she had married twenty years before. "The fees total 700 *pesos* ($100 U.S.)," he said, accepting Gracia's partial payment. He told her that she could pay the rest as soon as she could scrape the installments together.

23

Gracia described Lalo's abusive behavior as she and I shared a pot of coffee at a restaurant. Gracia's voice was calm, yet her eyes betrayed the terror that remains vivid in her memory years after she and Lalo parted. Looking at her across the booth, I thought it incredible that anyone would want to hurt Gracia. She is a gentle woman who has earned her reputation as a responsible mother and industrious worker. My heart went out to Gracia, her children and Lalo as she described their turbulent family life. It was painful to hear how all had suffered. It was violence that propelled Gracia on her journey to Minnesota to seek a violence-free life.

Gracia moved herself and her children to the other side of Mexico City, after consulting with the lawyer. Gracia told me that she took only clothes and a few essential household items from the home that she and Lalo had shared. She feared that claiming more possessions might enrage him. In order to protect herself and the children, Gracia had habitually tried to think defensively and avoid actions that might have provoked Lalo's outbursts. Yet Lalo was unpredictable and had a way of keeping her off balance, changing his rules and demands from day to day. Although Gracia is intelligent, repeated physical and emotional abuse deflated her self-esteem and conditioned her to doubt her own judgment. At times, indecision left her unable to act. Worn and exhausted from dodging Lalo's anger, Gracia needed to cut all ties with her husband. So she closed the door of their home, abandoning keepsakes that were rightfully hers: a faded honeymoon photo, the afghan she had hand-crocheted while waiting the birth of her first child, Christmas ornaments nested in tissue paper cocoons, treasures that preserved events of her life like leaves suspended in amber. Yet in fear, she left them.

Gracia dreaded an encounter with Lalo. She was tortured by the thought that she had shamed Lalo before family and friends by leaving him, and she feared that he might retaliate and kill her, as he had so often threatened. Then he would go to jail, and who would support the children? However, she couldn't avoid meeting Lalo since they were required to appear in the lawyer's office and at the divorce hearing in court. Predictably, Lalo blustered when the judge approved the divorce that denied him parental rights. "I won't sign these papers! She can't get a divorce without my consent," he growled. Warily, Gracia watched him for signs of impending violence.

The magistrate responded coldly to Lalo's protests. "Señor Garza, you have proven yourself an unfit father. You have abused and neglected your family. If you don't sign this document, you'll go to jail." Gracia

watched, pityingly, as Lalo struggled to contain his anger and accept the verdict. Twenty years of sharing meals, bed, and family made it difficult for Gracia to focus on the monster in Lalo and forget the man. However, that's what she had to do in order to free herself. Although she was terrified to defy Lalo, she found courage in her decision to create a violence-free life for herself and her children.

Grudgingly, Lalo agreed to abide by the judge's verdict for he had no defense against the charges. In that moment, Lalo began to lose confidence in his power to dominate his wife. He noticed a decisiveness in the set of Gracia's shoulders, which he interpreted as a sign of defiance most unbecoming in his petite, brown-skinned wife. Meanwhile, Gracia, firm in her decision to leave Lalo, endured the turbulent emotions in the courtroom like a well-rooted tree withstanding a windstorm.

Exhausted after the hearing, Gracia trudged up the dingy stairway to her new home and unlocked the door. She and the children were cramped in the one room, cold water flat. It was sparsely furnished with two bunk beds, a scarred table, and four straight-back chairs. The makeshift kitchen, in a corner of the room, held a cracked sink and a two burner hot plate with a frayed cord. The dwelling's most disagreeable feature was the doorless, roofless bathroom. On stormy days, rain pelted in with a penetrating chill that drove the blessing of warmth from every surface. Gracia created a bit of privacy by fashioning a makeshift door from an old sheet. However, she couldn't construct a roof, so she and the children had no choice but to bathe, shivering, in full view of the dispassionate sky.

Gracia struggled to provide for her children. She lacked business skills that would have enabled her to earn enough money for her family to live comfortably. As a full-time wife and mother, she had been outside of the business world for twenty years. She had to take low-paying jobs and work long hours in order to pay the rent and earn money for food. Her days started before 6 AM, when she left the flat to clean the apartment of a bank officer. Then she walked eight blocks to a hospital where she scrubbed corridors until 5 PM. The hospital job provided medical insurance and rent, but Gracia needed cash for food, clothing, utilities and incidentals. So she sewed custom clothing, often stitching far into the night to ensure that she and the children would eat the next day. She recalls, "When dawn came, I'd awaken my son. 'Marcos, deliver this dress to Señora Alvarez. Tell her the charge is thirty pesos.' When Marcos returned with the cash, I'd go to the market and buy food for the day, keeping enough aside for the children's school expenses."

Gracia was grateful for her children's devotion during those challenging times. They cooked and cleaned the flat, and the oldest held part-time jobs. However, Gracia wouldn't allow them to work long hours. Instead, she insisted that they devote themselves to their studies to secure their futures. She was determined to keep them from the meanest of children's work: panhandling or selling toys, tissues, or fireworks on the medians of busy streets. Nor would she allow them to polish motorists' windshields in those brief seconds before semaphore lights turned green. Thousands of Mexican children so employed have been snatched off the street or run over while trying to earn a few cents. Others turn to drugs to momentarily escape their harsh reality and die from overdoses or drug-related violence.

Gracia had no help to support her family. Initially, Lalo was so embittered by the divorce that he refused to contribute even one peso of the court-ordered child support. However, in time, he realized that a bottle couldn't fill his emptiness so he sent occasional gifts to smooth relations with his children. Gracia couldn't turn to her family either, for they barely had enough to feed themselves. Nor did Olga and the rest of Lalo's family have the means to help her, even though they would have liked to out of respect for Gracia and their fondness for her kids.

Although Gracia thanked God that she was healthy and employed, she also prayed to find prosperity. No matter how hard she worked, she could not save enough money to move from the dismal flat. Often, in the still predawn hours, before car horns and venders' cries contaminated the air, Gracia reflected on the events that had brought her into poverty.

As a girl, Gracia had detested the harsh country life her family led. She knew that someday she would leave to find something better. For generations, Gracia's people had walked to the fields as the sun rose and trudged home when pines stood silhouetted against electric-blue skies. The family planted, tilled and harvested corn, beans and tomatoes. Their hard labor spared their wealthy employers the aggravation of sweat and field dust on their skin and the burning complaint of back muscles forced to bow to the earth all day.

Gracia grew up in a one-room, adobe house without running water or electricity. She and her mother cooked the family's meals in a shack constructed of wooden poles. When Gracia was ten, her father assigned her to help her mother care for her six younger brothers and sisters. The two cooked beans and rice, patted *masa* (ground yellow corn) into tortillas, and pounded clothes white on rocks at the nearby lagoon.

Gracia and her mother took turns in the fields, as well, for no one was exempt from ranch work.

Since Gracia was a bright child who wanted more of life than fieldwork, she begged her father to let her attend the one room schoolhouse with her brothers and sisters. He always responded, "You can't go to school; you have to help at home." Determined, Gracia coaxed neighboring children to teach her their lessons in reading and arithmetic.

At sixteen, Gracia fled the ranch. Her aunt in Mexico City found her a job as a live-in maid. Although her employer, Señora Guzman, also employed a nanny and a gardener, Gracia soon became a favorite servant. Gracia cooked, cleaned, ironed and helped to care for the children, tasks she had learned on the ranch. The Guzman's home was luxurious. Gracia had her own bedroom with a TV, a key to the house and Sundays free. On her day off, she would attend mass and dine with her aunt who lived near the historic center of the city. Then in the afternoon, she would stroll arm in arm with her girlfriends in the centuries-old Plaza of the Three Cultures, where the girls would admire trinkets the vendors displayed and watch pantomime artists and gypsies work the crowd.

One Sunday, a friend introduced Gracia to Lalo, and Gracia immediately fell in love. Señora Guzman warned her, "He is not the right man for you, Gracia. He drinks. He is irresponsible. Wait for another!"

Years later, Gracia recalled her employer's counsel, "I'm sorry that I didn't heed Señora Guzman's advice. How much easier my life might have been had I married someone else!"

At first, Gracia's marriage looked promising. Lalo was a skilled TV repairman, and he could have supported a family comfortably, but alcohol gradually destroyed his ambition. In 1976, he moved his family to Waco, Texas for a brief business venture. Gracia and Lalo's second daughter, Guadalupe, was born there. But Lalo soon decided that he preferred Mexico to the U.S. So the family returned to Mexico City, where Lalo opened a *taller* (repair shop). A careless businessman, he would leave his shop unmanned in order to guzzle and gossip with the local barflies. Customers would try his locked door and then take their TVs elsewhere.

As the years passed, Lalo drank excessively. His pesos tinkled into the cantina cash register while he refused Gracia money for groceries. Gracia would beg him, "You need to change, not only for yourself, but for the children, too. Me, I'm not asking for myself, but change for the children's sake!" His response was frequently violent.

Gracia knew that the booze made him mean. Yet sometimes she would feel confused and wonder if she really did things to justify Lalo's anger, as he claimed. Over time, she and the children grew wary as stray dogs, watching him for signs of impending violence and wondering what innocent act would provoke him. They lived in fear that he would fulfill his threats to shoot or stab her. As the two oldest children reached their teens, they tried to defend Gracia. "Please don't hit Mama!" Those were the last words that Adriana and Guadalupe spoke in their childhood home before Lalo threw them out. He was furious that they had intervened as he rained blows on Gracia's head. A few days later, Lalo turned on Gracia so forcefully, that her sister-in-law took her to the hospital emergency ward with bruises and a concussion. That was the night that Gracia found the courage and the support to leave him.

Gracia had been divorced for three years, when Lalo's niece, Gloria, drove from her Minnesota home to visit family in Mexico. Gloria gasped when she saw Gracia's flat, "Look at the way you live! How do you stand this bathroom! Don't you get wet when it rains? You have to get out of here! Come and live with me in St. Paul. I've got a job for you; I work long hours and need someone reliable to watch my boys." Gloria had settled in St. Paul a decade before, obtained her U.S. residency, and developed her own upholstery business. "Look, I can help you, Gracia, but I'm not able to take your children, too. I'm sorry. They'll have to stay here until you can send for them and support them."

Late that night, Gracia stared at the scuffed walls of her flat, pondering Gloria's offer. It was a gift wrapped in heartache. She couldn't bear the thought of leaving her children behind, yet she knew that she should go with Gloria for their sake. She blessed her sleeping children, crowded into the narrow bunk beds. They deserved a better home. In that moment, Gracia decided to move to Minnesota.

The move was especially hard for her because the three youngest of her five children would have to stay with Lalo until she could send for them. There was no one else who could take the little ones, but her two oldest girls could stay with friends. Lalo still drank and that would make it hard for the children. Fortunately, with Gracia out of the picture, he was no longer violent. His belief that he needed to control his wife through force had been the source of his outbursts. Living alone, Lalo softened, and he repeatedly begged Gracia to return to him. "I'm old, I'm sick, I'm finished," he would lament.

"I'm sorry, I can't do anything for you," Gracia would reply. "If the kids want to go back with you, I won't stop them. They are older now, and they know what they want." But the children were no more interested in remaining with Lalo than she was.

Before Gracia left Mexico, she sold almost everything she owned, even her sewing machine, in order to put a little money in her children's pockets. Since she had no visa, she also needed cash to pay a *coyote*, or guide, to sneak her across the border. Gloria couldn't risk getting caught transporting an undocumented person into the USA. Gracia sat witless from fear in the coyote's car as they neared the border crossing at Piedras Negras. The smooth *coyote* showed the guards some papers and easily convinced them that he and Gracia were a married couple headed for a Las Vegas vacation. In Texas, the *coyote* dumped Gracia at a restaurant where she and Gloria had arranged to meet. Grazia stumbled from his car, shaken, but unharmed. She knew that she had fared much better than many women who travel with a *coyote*.

It was November of 1992. As Gloria and Gracia drove north into the heartland of the USA, Gracia experienced the lonely inner journey that every Hispanic immigrant makes. Gradually, traces of Mexican culture disappeared. The northern people were blondish, and the shops no longer boasted "*Se habla español*" (Spanish spoken here). Years later, Gracia recalled her feelings as a new arrival in the USA, "We Mexicans who cross the border feel like little chicks that stray far from our chicken coop. Strange chickens peck at us and try to run us off. We feel very bad when we arrive here because this is not our own country. We don't know anyone, we don't know the language, and there is discrimination. Most of us Mexicans come to the USA from necessity. Me, I wouldn't have chosen to struggle in a foreign country unless I had to. If I had my own house and property in Mexico, why would I want to struggle here?"

Throughout that winter, Gracia felt a bone-deep gratitude for Gloria's kindness. She adored Gloria's rambunctious toddlers, and although they couldn't quell her longing for her own children, they distracted her with their baby antics. Since Gloria provided room and board, Gracia was able to save almost every cent she earned in order to send for her children. Then in March, Gracia's thirteen-year-old son, Marcos, phoned to say that he was sick of his father. Marcos had crossed into Texas and was working in the warehouse of a roofing company. Gracia worried about her young son living on his own as an illegal immigrant.

That first winter in Minnesota, Gracia became sick and disheartened. She recalls, "When I first came here, I got sick because of change of climate or the sadness, I don't know which, but the illness lasted for weeks. I was depressed because I had to leave my children with Lalo, and I felt bad about getting sick because my niece had all the responsibility to take care of me." Fearing that doctors would charge more than she could afford and assuming that they did not speak Spanish, Gracia put off seeking treatment. However, Gloria became concerned as Gracia grew weaker and more listless. So she took Gracia to a community clinic that charges according to patients' ability to pay, and there, the Spanish-speaking staff cured Gracia's infection with antibiotics.

At the clinic, a social worker counseled Gracia to apply for government housing and medical aid that enabled her to bring her daughters to Minnesota within a year of her arrival.

Today, Gracia enjoys greater prosperity and has hopes for an even better future because she is now a legal resident of the United States. Her second oldest daughter, Guadalupe, was able to sponsor Gracia for residency because Guadalupe, born in Texas, is a U.S. citizen. Gracia received her social security card and was able to legally seek employment. Now she has worked for several years on the production line in a food processing plant. Eager to earn money for extras, she sells household cleaning products door-to-door in her spare time. Many evenings, she watches her toddler grandson while his mother, Guadalupe, cleans offices.

Gracia and her two youngest daughters, Jasmine and Lara, are becoming economically self-sufficient. They recently moved out of public housing and bought a small two bedroom house. Gracia studies English, knowing that it will help her to obtain jobs cleaning private homes and eventually build her own business. She is a willing student, but her self-confidence is low. In her mid-forties, she worries that she may be too old to learn. Getting to class is sometimes a problem, as well. She used to wait in cold bus shelters to travel to evening classes that were miles from her home. Now classes are offered in her neighborhood, but schedules sometime conflict with the hours when she must watch her grandson while Guadalupe works.

Gracia enjoys her hard-earned prosperity, but she will always remember the kind people who aided her and her daughters when they were penniless newcomers. "People have helped me a lot in this country. One organization gave me furniture, health care and money for the children. Other people donated clothes for my daughters when they

arrived. Neighborhood House gave me food and money to pay the heating bill and interpreted for me. Another organization helped me to apply to the Immigration and Naturalization Service. I don't have anything bad to say about this country in general and especially Minnesota. People have helped me, even though I'm not from the USA. Believe me, I'm grateful!"

As for the rest of Gracia's family, Adriana, twenty-four, married an American co-worker, who is sponsoring her for citizenship. Adriana's husband also helps her to learn sufficient English to attend technical college and bring her office skills up-to-date. Her ambition is to work as a secretary, as she did in Mexico. Currently, Adriana cleans offices. Gracia's two youngest daughters have made Hispanic, Hmong and Anglo friends at school. After four years in the USA, both are completely bilingual. Gracia encourages them to maintain high grades, polish their English and maintain their Spanish. She wants them to work for international companies when they are grown. Marcos has returned to Mexico City where he roofs houses, a skill he learned in Texas. He and Gracia keep close through letters and weekly phone calls.

Lalo remains in Mexico City, alone and sick from too much wine. His children show no interest in him. He still begs Gracia to come back to him, but she says that he is incapable of caring about anyone but himself. Wounded by Lalo's abuse, Gracia has no desire for male companionship. Her response to Lalo's plea is always the same, "I won't go back with you. Definitely not! If I ever return to Mexico, it will be to live alone or with my children."

Paula
The Lure of Good Schools

When I first met Paula, I quickly discovered that education is a prime factor in her life. Our conversation turned to schooling only minutes after Paula invited me to chat in the kitchen of her cozy, white frame bungalow. Paula (pronounced Pow-la) confided that the lure of quality education had prompted her and her husband, Luis Benjamín, to leave their comfortable home, families and careers in Monterrey, Mexico. They moved to St. Paul so that Luis Benjamín could pursue a master's degree in physics at the University of Minnesota. Paula explained that openings in certain graduate programs in Mexican universities are so limited that many applicants are forced to choose an alternative field of study or apply to schools abroad. Luis Benjamín, a computer specialist who wants to pursue a scientific career, chose Minnesota with his wife's full support.

Paula is plump and less than five feet tall. She wears her charcoal hair in a braid, thick as a ship's rope, that hangs just short of her waist. Her smile-crinkled eyes, unhurried gestures, and approving nod make you feel as if you are with a friend. She speaks about her life and family in confident, soft-spoken tones.

Paula is a teacher. She and Luis Benjamín (Luis) are middle class Mexican professionals who know that advanced degrees can help them compete for jobs in Mexico and abroad. "A degree from a U.S. university is a stepping stone to job promotions and higher salaries in Mexican companies," Paula stated emphatically. "An American education is respected in Mexico. Many Mexicans believe that U.S. schools and universities have stricter requirements than Mexican institutions. In addition, an American degree is proof that you have a good command of English. These days, Luis studies academic English in order to bring his skills up to university level. Soon he'll begin his courses in astronomy and the space program."

"How did you two arrange to live here?" I asked.

"Luis works for a company that exports sports clothes to Latin America. The company hired him to translate business communications and design brochures for its international trade department," a proud smile dimpled Paula's cheeks as she spoke of her husband's English

33

skills. Paula attends night school to improve her halting English, and she understands how hard one must work to acquire a second language. Luis loves to study. He had already earned his bachelor's degree in computer sciences when they met.

When Paula and Luis Benjamín were introduced in the home of mutual friends, they discovered that they had grown up within walking distance of each others' houses. Luis had begun to sculpt a career in Mexico's rapidly expanding computer industry, and Paula was in her ninth year as a nursery school superintendent. After they became engaged, each continued to live with their parents until their wedding day. Many Mexican families expect their young people to remain at home until they wed. The traditional Hispanic family is a *familia unida*, a close-knit, extended family in which three or four generations sometimes live under the same roof.

Another Mexican tradition calls for parents to teach their children by being good role models. Paula's parents, Raul and Maria Sanchez, are successful middle class professionals who have shown their children the value of hard work and schooling. Paula's mother is a surgical nurse in a major hospital, and her father, an engineer, designs all kinds of commercial heating equipment, from industrial sized boilers to chicken incubators. The Sanchez family lives on the outskirts of Monterrey, Mexico, a commercial center of three million that flows from the Sierra Madre into the country's northeastern desert.

Like many members of Mexico's middle class, Paula's parents were the first generation in their families to earn college degrees and move from the countryside to a major city. As professionals, Paula's parents earn salaries that enable them to enjoy a higher standard of life than that of their parents. The Sanchez family home, planted in an affluent suburban development, is a four bedroom Spanish colonial house with red tiled roof and a patio garden bordered with roses and apple trees. During Paula's childhood, the family traveled frequently, often accompanying Señor Sanchez to Corpus Christi, Texas and other North American cities on his business trips.

Paula's parents encouraged their children to pursue professions. Paula's twenty-six-year-old sister is a university engineering student; her brother and his wife are both nurses. Paula always wanted to be a teacher.

She completed a two year course of study in a Monterrey teachers' college. Then she worked for a decade as a preschool teacher and principal in her hometown. "I supervised a government preschool that had four classrooms. Each class had one teacher and thirty-two

students," Paula explained. "Managing so many students was a big responsibility. Mexican public school classes are large by necessity. The government has limited resources, and many parents are able to pay little toward their children's education. Teachers salaries are low. After ten years as a supervisor, I received only six hundred pesos every two weeks. That's about seventy U.S. dollars. In the United States, an unskilled worker can earn as much in a day or two! Still, in spite of low wages and heavy work loads, most Mexican teachers give their best for their students."

Here in Minnesota, Paula is happy that she can continue to work with children. She operates a daycare in her home where she cares for infants and toddlers, the children of friends who are also working moms. Paula draws upon her teaching background to devise activities to entertain and educate the children. Always looking for ways to improve her business, Paula obtained a child care license from the state, a process that necessitates a home safety inspection by the fire department and an investigation by a state social worker. In addition, Paula recently graduated from a child care training course offered by a local social service organization.

Paula likes to run her own day care because she can earn money and work with children while she stays at home with her three pre-schoolers. Paula's years as a teaching professional showed as I watched her care for her charges. She calmly coped with runny noses, demands for Kool-Aid, and spats over toys, just like a good-natured nanny would do.

When Paula mentioned that her oldest son will soon enter kindergarten, I asked what she thought of schools in the United States. "Minnesota's schools are good," she asserted with a smile. "For one thing, classes are small compared to Mexico. In Mexico, up to sixty or seventy children might crowd into one school room. Furthermore, U.S. educators can experiment with teaching methods in order to meet their students' needs. Students work on computers here and learn about modern technology, too."

"So schools were the only thing that brought you so far north to Minnesota?" I asked.

"Well, the reputation of the University and my husband's job offer were important factors, but another reason we chose Minnesota is because Luis' cousins live in St. Paul," Paula explained. "We didn't want to live far from relatives. We think our children should grow up knowing family. We see Luis' cousins and their kids almost every weekend, just as we would in Mexico, and they drop by during the week."

"What do you do together?"

Paula gestured toward her newly painted kitchen walls and cupboards, "Well, we help fix up each others' houses and cars, and we watch each other's kids. We celebrate birthdays and holidays with fiestas and barbecues or we just visit."

Fiestas and barbecues, celebration Mexican style! I pictured Paula's geranium-bordered backyard abuzz with dark-eyed children running helter-skelter among their older relatives. Paula assured me that her family's fiestas are much like the Mexican parties I know; adults chat with one eye on the kids, and the other on the grill where thin, marinated strip steaks, *carne asada*, sputter over coals, scenting the air with fragrant veils of smoke. Paula added that their family celebrations include refried beans, green salsa, tortillas, cactus salad, and homemade fruit juices.

"How old are your nephews and nieces, Paula?"

"Let me think," she paused to do some mental arithmetic. "There are fourteen in all from infants to the teenagers in high school."

"Would you like your children to go to school here in Minnesota?" I asked.

"Oh, yes!", she nodded enthusiastically. "Luis and I want the children to learn English and the American culture."

"Do you see any problems with educating your children in American schools?"

Paula hesitated before speaking. I sensed that she was choosing her words carefully. "Well, yes. When Mexican children go to American schools, they often learn ways that are contrary to the behavior that Mexicans expect from their children, and that can cause family problems.

"Our friends raise their children strictly, especially the girls," she explained. "Mexican parents we know do not allow their children as much independence as many young people have in the USA. This causes conflict. For example, a year ago, one of our friends moved his family here from Mexico. Shortly after, he started to have problems with his fourteen and fifteen-year-old daughters. The girls begged to wear makeup and go to dances with their American classmates. Our friend was reluctant to let his daughters do these things. In his family, girls don't go to dances until they are eighteen, and they don't wear makeup without their mothers' permission. Our friend's daughters wouldn't take no for an answer. It is disrespectful for children to argue with their parents. So during summer vacation, our friend sent his daughters back to Mexico to live with their grandparents. Everybody asked him, 'Why send

them back? You just got here!' He said that the girls were becoming
rebellious. He wants them to stay respectful and not begin adult activities
too early. Young people who take on adult roles before they are mature
can get into trouble. Parents must protect their children!"

I asked Paula how her friend's daughters felt about being sent back to
Mexico to live with their grandparents. Wasn't the separation hard on
both them and their parents?

"Yes, they miss each other," Paula acknowledged, "but Mexican
children traditionally have a close relationship with their grandparents,
godparents and aunts and uncles. The girls are OK, and they feel at
home. However, they are unhappy that they must return to living by
strict rules. Their grandparents and other adults in their lives will insist
that they do their homework, come home early and help around the
house. Mexican tradition and the family set standards for children, and
tradition minimizes struggles between parents and their children. Here
in the USA, Mexican parents lack this kind of support outside the
Hispanic community."

I was surprised when Paula announced that she and Luis Benjamín
have begun to think about staying in Minnesota, in spite of the challenges of raising children in a foreign culture. "There are advantages to
living in the USA; work is plentiful, the economy is strong, and the
schools are excellent," Paula explained. "And talking about discrimination, I have no complaint about the way I've been treated here. Everyone
has been kind: the staff at our medical clinic, our neighbors, the priest at
our church. Everyone!" Paula paused to reflect as she watched the
children arrange a toy farm on the carpet. "We have a pleasant life here,
and we could build an even better future."

Consuelo
Living Among La Raza

Consuelo's kohl-lined eyes crinkle at the corners and her wide, brown lips part in a good-natured grin. My assumptions about why Consuelo and her family came to the USA amuse this forty-ish single mom. When I ask if her family left Mexico because their farm couldn't support all sixteen of them, Consuelo chuckles. "We didn't come to this country because we were starving, nooo!" She elongates the word in mock protest. "We came because we were curious to see the United States! My four oldest brothers came first. They swam the river in 1971 and made their way to Minneapolis. Two brothers wed Mexican-Americans and two married *gringas* (Caucasian-Americans). Within a year, my brothers sponsored my parents who sponsored all the rest of us children in turn. They made the arrangements through the American Consulate.

"At first, I didn't want to stay here. I was only sixteen when my parents brought me. I knew the USA through movies and magazines, and I was curious to see this country for myself, but I had no deep yearning to live here.

"I wanted to remain on our small ranch, south of Guadalajara. It's a fabulous place to live. The climate is so gentle that we were able to grow almost all our food: chickens, beef, corn, garbanzo beans, oranges, tomatoes…two crops a year! There were many interesting pastimes. I rode our horses and attended a little country school. Sometimes, Gypsies would pass through and show movies on sheets they hung from trees. We'd pay them a few pesos to watch. My parents and all our neighbors held fiestas to celebrate baptisms and weddings, *quinceañeras* (coming out parties for girls), etc. There'd be piñatas, dancing and fireworks. My two younger sisters and I would always show up together. We looked so much alike that we could have been triplets. Instead of calling us by our Christian names, our neighbors always announced us with, 'Here come the three Orozcos!' Well, that was twenty-six years ago. Now, my oldest sister and her husband work the ranch. All the rest of us live in the Twin Cities or Chicago.

"When my parents, my sisters and I arrived in Minneapolis in 1971, there wasn't a big Mexican community like now. Hardly anyone spoke Spanish. We didn't feel as if we belonged.

"So within a year, the whole family moved to Chicago to live among *la Raza* (Mexican people). Life was easier in Chicago because Spanish was spoken and there were Mexican businesses and churches and restaurants throughout the city." Consuelo lists the appeal of the Windy City with a contented lilt in her alto voice. "During the seventies and eighties, there were plenty of factory jobs in Chicago. I easily found employment because I had experience. I had worked on our ranch or elsewhere since I was eight years old. For twenty years, I operated a punch press and did assembly jobs in Chicago. It was OK. Factory work suits me.

"I married twice in Chicago, and each marriage lasted for ten years. My first husband was a harsh man. He is the father of my son, who is twenty-three. Several years after we divorced, I married again. My second husband shouldn't have married anyone! He thought only of himself. He'd leave me and the children alone for six months out of every year while he stayed in Mexico with his sister! He refused to take us along. He was gone when my first daughter was born. I returned to work almost immediately after giving birth because my salary fed the children. My husband was in Mexico when our second daughter was born, too. Finally, I said to myself, 'Enough! This man isn't worth the grief he gives.' I decided I would never put up with such irresponsible behavior from a man again. I left him, and I've been single ever since.

"I had a good life in Chicago because I had good luck, and I was able to support my children without a man. During my last six years there, I did assembly work for a small company that made plastic key chains for hotels, and my boss allowed me to work flex-time. A friend watched my two youngest in her home for only forty dollars a week. And if I had problems, I could always turn to my parents and brothers.

"By the early nineties, Chicago had become very crowded, and the pace of life was too hectic for my family and me. Friends told us that the Mexican community in the Twin Cities had grown a lot since the seventies. So we all moved to St. Paul: my parents, twelve brothers and sisters and their families. Everyone! It turned out to be a good move, too. Minnesota is more tranquil, there is less crime and the prices are lower.

"But my good luck faded in St. Paul. I caught pneumonia in 1993, and I've been sick ever since. I am always dizzy, my ears ache, my legs tremble and I feel unsteady, like I might fall. The doctors change my medicine every month or so in hopes of finding one that will cure me. Some of the prescriptions make me even sicker." Consuelo's enduring grin fades, little furrows deepen around her eyes and etch her forehead.

"I can't work now even though I want to. It's humiliating. I've worked all my life! I can't do a lot of things I used to do. I can't drive because I'm always dizzy. I don't read much either 'cause it's hard to concentrate. I ask the doctors, 'Will I always be like this?' They stare at their charts and x-rays, and they praise me for being patient for so long, but they don't answer me. I'm frightened!

"I try to control my fears. I keep busy. Even though I'm too weak to hold a job, I don't want to sit and do nothing. So on my better days, I volunteer at my daughters' school.

"I spend a lot of time with my children, too. Being a good parent is the most important work a person can do, don't you think so? Parents should be good examples and teach their kids to be kind and responsible. My daughters and I often talk about what's right and wrong. That helps them to make good decisions. If we parents don't teach our kids, who will?"

There is a justified hint of pride in Consuelo's voice as she talks about her children. Her son, Gilberto, is happily married and recently gave Consuelo her first grandson. Gilberto, who shares his mother's preference for factory work, is in his fifth year on the production line at a small manufacturing plant near Chaska. Consuelo's daughters, Michelle and Elisa, have inherited their mother's broad smile and easygoing nature. They are proud that their mom knows their teachers and works as a volunteer in their grade school.

Consuelo has had to rely on public assistance to support the girls since her health declined. Government benefits provide a meager income, a big cut from Consuelo's past salary. Luckily she knows how to stretch a penny and in a pinch, she gets a little help from family members who live nearby. The cupboard looks empty at the end of each month, but she survives.

Consuelo worries that the government may cut or cancel her benefits because she is not a U.S. citizen. Consuelo is a resident alien, a permanent status that grants an immigrant most of the rights and responsibilities of a citizen. Recently, anti-immigrant sentiment and concern about welfare spending have influenced our government to withdraw or reduce essential aid to resident aliens. Yet Consuelo feels that she has earned the government assistance she receives because she has worked and paid federal and state taxes for over twenty years. Consuelo's social worker assures her that she is covered for now. Under current law, Consuelo's dependent daughters can receive public support because they were born in

the United States. However, no one is certain how new laws affecting legal residents will be amended or interpreted in coming years.

So Consuelo is working towards gaining citizenship in order to protect herself from future budget cuts in the event that she does not regain her health. I ask why she hasn't pursued citizenship in the twenty-six years that she's lived in the USA. "There was no need," she explains. "As a legal resident, I had the right to live and work here."

Another reason why Consuelo has not become a citizen is her lack of English skills. The citizenship test is given in English. The only exceptions are for elderly people who have lived in the U.S. for many years or for people who are unable to master English because of a disability. Since she has always lived in predominately Hispanic communities, Consuelo didn't need to know much English. She can understand most of what she hears, but is unable to speak, read or write the language well enough to pass the citizenship test. For months, she has been faithfully attending free classes on the West Side, but her illness causes dizziness that makes it hard to concentrate. Her mother's unexpected death from heart disease, early in 1997, put Consuelo in an emotional slump that further slowed her progress. Nowadays, she is distracted by concern for her father who is confined to a wheelchair by diabetes. However, she studies in earnest.

Consuelo came to the United States reluctantly. Over time, she found her niche in society. She has contributed to our country's well-being as a taxpayer, worker, and responsible parent.

The Spanish name Consuelo means consolation. While chronic illness limits her activities, Consuelo finds consolation in parenting and volunteering and praying that she can recover and go back to work.

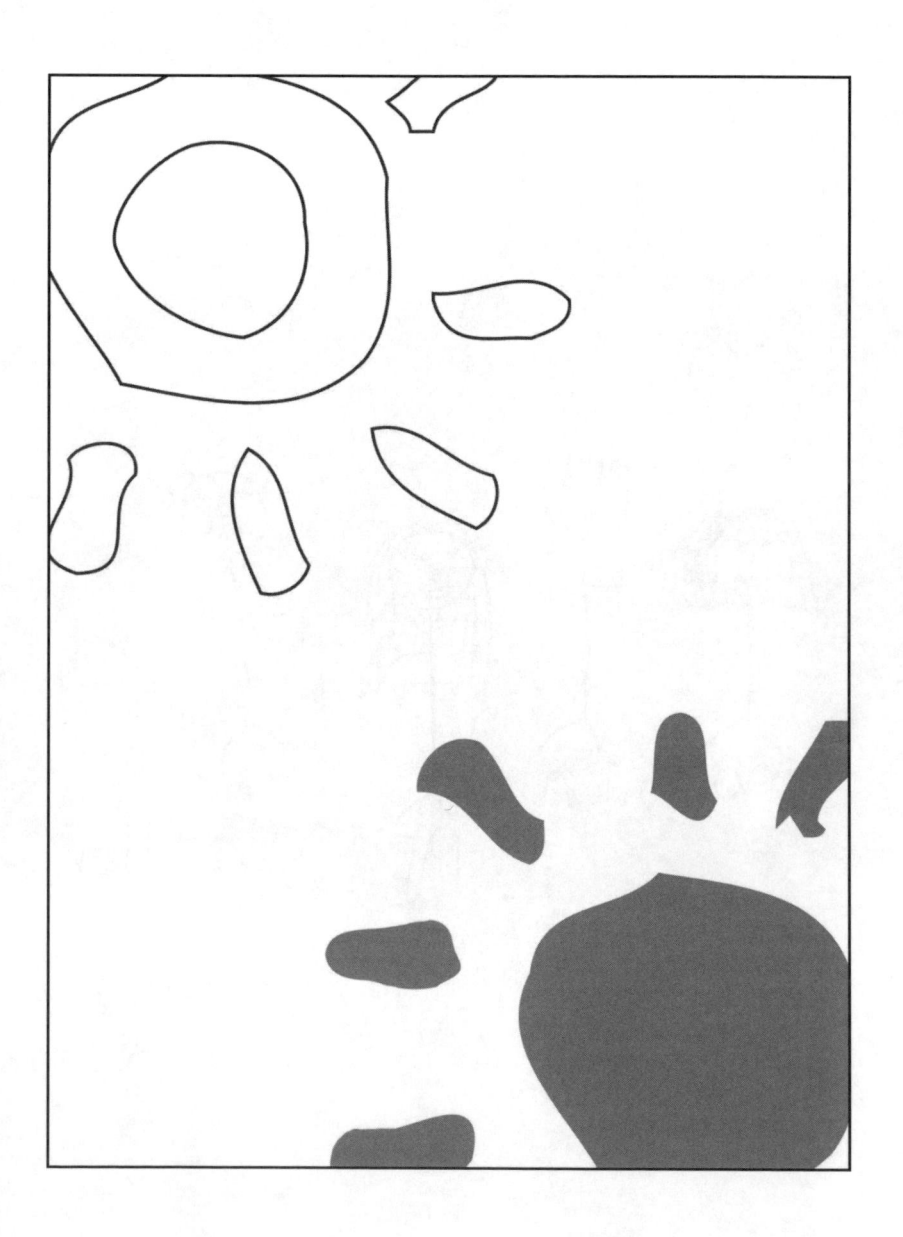

Mara and Jesse
We Came to Save Our Marriage

"My husband, Jesse, and I traveled three hard days and nights to get to Minnesota. We came with a group of other young people who were also headed north. There was a woman of nineteen who was to live with relatives in St. Paul and three teenage boys who had friends and jobs awaiting them in Shakopee. The last two were newlyweds headed for Northfield. We all left Cuernavaca before dawn on February 19, 1988. We'd pooled our money to hire a *coyote* to drive us north. A *coyote* is a person you hire to help you cross the border. I felt uneasy about depending upon a *coyote*. Some *coyote*s rob their clients and leave them stranded in border towns. Others rape women who travel alone. However, if you haven't crossed before, you need a guide, someone to help you avoid border patrols. So eight of us traveled together for protection from the *coyote* who was supposed to protect us! Our *coyote* was to get us across the border, then his partner would meet us in Arizona and drive us to Phoenix. In Phoenix, we'd claim plane tickets that our friends and families in Minnesota had reserved in our names.

"Our *coyote* was paunchy and didn't talk much. He drove us 600 miles up Highway 15, along the Pacific coast of Mexico. We reached the border in two days. At Nogales, the *coyote* scouted the highway for border patrols while we crouched, hidden between the seats of his van. We were as tense as runners waiting to hear the starting gun.

"When the *coyote* said that the way was clear, we ran across that broad highway like eight maniacs, darting diagonally into the oncoming traffic so patrol cars couldn't backtrack and seize us. Cars and trucks were coming at us at 50-60-70 miles an hour. Their speed made me dizzy. I was terrified that we'd be hit.

"But we all crossed safely into Arizona, thank God. We found the park where we were to watch for the *coyote*'s partner in his school bus camper. We were resting in a cool, grassy spot, when we saw border police approaching. Of course, everybody panicked and started to run away. Jesse was among the first to get caught because he lagged behind to help the newlywed couple run with their fat suitcases. Well, the police quickly captured all of us, locked us in a van and drove us to immigration headquarters. Immigration questioned us, and then put everyone,

except Jesse, on a bus. Within minutes, the officers had dumped us back in Mexico.

"I was so scared for Jesse, I thought my heart would stop. I didn't know why they had detained him. To this day, I don't know! Maybe they kept him because he was the only one of us over age twenty-one. I feared what Immigration might do to him. I mistrusted all law officers because of the bad reputation of Mexican police. They make up false charges and demand fines and bribes before they let you go free. Sometimes they even torture their prisoners. It didn't occur to me that Immigration might be any different. And I could do nothing to help Jesse.

"All I could do was stay with the others and search the streets of Nogales for the *coyote* who drove us there. Luckily we found him. As he drove us back towards the border, we huddled on the van floor and argued about our next move. All of us were tired, and cramped and hadn't eaten since the day before. We parked and waited for Jesse. The *coyote* assured us that Immigration would release him. But after an hour, the three young men were fed up with the delay and demanded that we cross the border without Jesse!

"I insisted that we wait for Jesse! Luckily, I had strong arguments in my favor. First, it was only noon, and we didn't have to meet the second *coyote* until mid-afternoon. In addition, all of us had agreed to travel together, and we had agreed to pay the *coyotes* a certain amount for each of us when we arrived in Phoenix. Of course the *coyote* was on my side, for if any of us stayed behind, he would get less money. After much arguing, I convinced those young men that it was right to wait for Jesse.

"So we sat, sweating, under the midday sun for two hours. We were tired and hungry. We hadn't showered in three days, and there was no place to go to the bathroom. I tried to decide what I would do if Jesse didn't come. I felt the others' resentment building as we waited.

"Then, a little past three, we heard someone running, and Jesse scrambled aboard. I almost passed out from relief to see him unharmed. But there was no time to give in to emotion. Again, the *coyote* scouted for border guards and gave us the all clear. Like before, we darted across the rushing highway, praying to God and the angels to protect us."

I listened to Mara tell her immigration story, in her backyard, on a sunny Saturday. Mara's account of murderous *coyotes* and Mexicans who face freeway traffic like brave *matadores* in a bull ring contrasted with the early morning quiet of her West St. Paul neighborhood. I had rung her doorbell at 9 AM. Mara's family was still sleeping so she suggested that we talk outside to avoid wakening them. As Mara led me

through her house to the back door, we passed a worn, over-stuffed couch.
A statue of Our Lady of Guadalupe, Mexico's patron saint, gazed serenely
from brownish wallpaper above it. A big TV murmured in the corner.

We stepped onto the back porch, and I glanced around at the
surrounding yards. Mara's next door neighbor had fashioned a grotto by
upending a porcelain bathtub in his geranium bed. The white plumbing
fixture sheltered a statue of the Virgin and resembled a miniature band
shell. Down the alley, someone tinkered on the motor of a rusty mini-
van. All I could see of him were his jeans and western boots protruding
from under the hood. Faintly, a lazy Tex-Mex waltz drifted from an open
window. Suddenly, a screen door slammed, punctuating the morning
calm. A blond woman and a Latino-looking man ambled from a 1930 era
bungalow, coffee mugs in hand. As they eased into lawn chairs, they
waved to a black-haired woman and her two pajama-clad toddlers who
admired their stamp-sized petunia patch. Mara's blue-collar neighborhood
seemed to stretch and yawn as it awakened on that sleepy August morning.

Mara pulled two chrome and plastic kitchen chairs into the shade of
the dense elm that dominates her yard and offered me a seat. Mara is in her
late twenties. A cap of coarse, black hair frames her round face. Her skin is
permanently golden tan. She apologized for greeting me in blue jeans and
a rumpled T-shirt, explaining that she and her family usually sleep until
mid-morning because she, her husband and sister work until midnight.

Straight away, Mara began to speak openly about the misfortunes
that drove her and her husband to immigrate to the United States.
There's a little-girl shyness in Mara's voice, yet she speaks with the
certainty of a woman who has learned to rely on herself. "Jesse and I
decided to start a new life in Minnesota because we had fallen into a
situation that was killing our marriage. We were young and poor, we had
a baby to support, and the bad economy in Mexico had robbed us of hope
for making a living in our own country."

"Did you and Jesse grow up poor?" I asked.

"Neither of our families ever had much money, but we got by," she
explained. "I have seven brothers and sisters. We grew up in
Cuernavaca, an hour and a half south of Mexico City. It's a city of about
100,000. When I was young, we lived in a crowded apartment complex.
We shared the bathroom and laundry with nine other families! Our
apartment was so tiny that my four brothers slept together in one bed,
and my two sisters and I slept in the other.

"But when I was ten, my parents bought a cozy, three bedroom
house. That brought us up in the world. We didn't have to pay rent

anymore, and we had our own bathroom and a little patio with a washing machine and a fig tree."

Mara excused herself, scurried into the house and returned with a photo. "This is my father in front of our house," she handed it to me. I saw a stocky man posing, stiffly, in the stylized costume of the Mariachi musician: wide-brimmed sombrero, bolero jacket, and trousers with silver studs running up the seams. "Father plays violin, trumpet and guitar," Mara continued proudly. "His eight piece band performs in restaurants and fiestas. For a few *pesos*, customers request their favorite songs. I used to love to sing with him: *Dos Arbolitos, and Tu, Solo Tu,* all the traditional folk songs. My mother has always been an *ama de casa* (homemaker). Now that my brothers and sisters and I are grown, she still advises us, and we know that she is there for us if we need a favor. She is close to all of her grandchildren, too. Mother is the rock of our family.

"My parents sent all of us to school, even though they didn't have much money. I was crazy to learn from the time I was little. The principal often chose me to carry the Mexican flag in the holiday parades; only the best students earn this honor. All of us would march in formation in the school yard on Independence Day and *Cinco de Mayo*. Our parents would come to watch. I felt proud holding the flag because I love Mexico."

Mara paused for a moment, gazing at the '89 Ford Bronco parked alongside her garage. "When I entered high school, I dreamed of becoming a lawyer. I wanted to work for justice for everyone. But Father told me that he wouldn't waste his money on an expensive education for a girl, 'If you studied law, I would sacrifice to pay for preparatory school and university, and then you'd just get married. Choose a career you can learn in high school.' Father is strict, and you don't argue with him so I chose commercial accounting instead. That career pays much less than certified accounting that you study in the university. Still, I made the best of it. I won a scholarship for my first semester of high school, and I gained experience through two internships, one at a radio station and the other at a law firm. I met my husband, Jesse, through a co-worker during my internships.

"After I graduated, I found a job in Mexico City and moved in with my married sister. Jesse and I had become very fond of each other by then. We didn't want to be parted so he found a job in the credit company where I worked, and he rented a room with a friend from home.

"Jesse sold books of discount coupons for car rentals and restaurants, and I kept the company's sales records. All the salesmen reported

their profits to me, Jesse did too. That brought us trouble. When my boss saw Jesse talking to me in my little office, he suspected that I might give Jesse inside information about the business. Now why would I want to do that and cause problems for myself? I had never given my boss reason to doubt me. I felt uneasy with his suspicious attitude, so I quit my accounting job and joined Jesse's sales team. Each day, our group divided into pairs. We'd approach prospective customers in shopping areas and outside office buildings and banks. I liked selling, and I liked the other young people on our team. The only bad thing about the job was the heat and pollution of Mexico City that often made working out-of-doors intolerable. Some days, the air felt like dry cotton scratching my throat!

"At the end of our first year in Mexico City, Jesse's roommate moved back to Cuernavaca, and I moved in with Jesse. We kept it from my parents, of course. Father would have exploded like a volcano had he found out! He is very traditional and thinks that young people should live with their families until they marry. But I don't think that is always best. Jesse and I weren't doing wrong by living together, and I wanted to be very sure about Jesse and me. I had seen marriages soured by arguments and interfering families. I wanted to avoid a mistake that would end in divorce.

"Besides, Jesse and I were happy as we were, even though we survived on almost nothing. Jesse's youngest sister had cancer, and since Jesse's family couldn't afford the medical treatments, we helped them to pay. We scrimped and ate cheap food like ham sandwiches, and we sent every spare *peso* to his parents.

"Jesse and I had lived together for almost a year when I got pregnant," Mara hunched her shoulders stoically. "I was terrified to tell my father. He is so set in his ways that my brothers and sisters can't talk to him about controversial issues, but I told Father that I wanted to live with Jesse a while longer before we married because I was afraid of the vows, so final. I explained that we hadn't been able to save money for a traditional wedding with many guests because of Jesse's sister's illness. But none of that mattered to Father when he heard we were expecting a baby. He told me that if I left his house unmarried, I couldn't come back. Ever! Not even to visit.

"So Jesse and I married a month later. We had no money, so we lived with Jesse's family in Cuernavaca. Jesse joined his father's locksmith business, but he earned only five pesos a day. That is little more than one American dollar. It wasn't enough to support a family in Mexico.

"I didn't like living with Jesse's family. Jesse and I had no privacy. There were seven of us in their apartment! In addition, Jesse's family didn't have enough food. I needed nourishment during my pregnancy and later, when I nursed my daughter. So I would often eat the main meal of the day with my parents and younger brothers and sisters. My mother-in-law really resented that! She'd grumble that I was too proud to eat in her house.

"I became nervous about our situation when my father-in-law started taking Jesse to the bars after work. I hardly saw my husband. The two of them would return, half drunk, at one or two in the morning. Some nights, my parents-in law argued loudly, and some nights he'd hit her. The violence frightened me! Then Jesse started that ugly bickering with me; he even hit me one night," Mara rubbed her forehead as if to erase painful memories. "I thought about leaving Jesse," she continued. "I could have taken our baby, Ana Lara, and moved into my parent's home. Their door is always open for me.

"Then one day, my oldest brother, Lorenzo, phoned me at my parent's house. Mother had told him about our troubles. Lorenzo works in a restaurant in Minneapolis. He had always watched out for me when we were growing up. He asked me, 'Why don't you and Jesse move to Minnesota and start a new life?'" Mara's coffee-brown eyes widened as she told of her surprise at hearing her brother's suggestion.

"Hadn't you ever thought of moving to the USA before?" I queried.

"Never! I love Mexico, and I like living near my family! But I cared for Jesse. In spite of all of our troubles, I loved him and wanted to stay with him," she declared passionately.

"So Jesse and I talked. Lorenzo had assured us that in Minnesota we could earn enough to live, and we agreed that we would be better off living far from family interference.

"My brother knew of a factory where Jesse could find work, and Lorenzo's friend, who cleans houses, arranged a nanny job for me. The bad thing was that we couldn't bring our baby with us when we crossed the border, and my job wouldn't have permitted me to care for her. Luckily, my parents offered to keep Ana Lara until we were settled in St. Paul. We left Cuernavaca only weeks after Lorenzo's phone call. I didn't see my baby for two years. I longed for Ana Lara. I couldn't sleep for missing her. Many nights, I soaked my pillow with tears."

I squeezed Mara's hand, "I can't imagine how hurtful that separation must have been."

"It was hard on Ana Lara, too," Mara sighed. "When she arrived, we seemed like strangers to her. She had to get to know us all over again. But now she is adjusted, thank God. She's in grade school, and she likes school as much as I did when I was young."

"Mara, you said that you couldn't bring Ana Lara with you when you crossed the border. Tell me about your trip from Phoenix to St. Paul."

"It was a miracle that we all crossed the highway safely the second time we ran across, and that the *coyote*'s partner was waiting for us in the park. We boarded his rickety camper and hid ourselves on the floor for the three hour trip to Phoenix. During the ride, the *coyote* warned us to split up as we traveled through the city and when we walked through the airport. He said that we mustn't do anything to attract attention to ourselves, in order to avoid capture. So we broke up and took three separate taxis to the airport. However, at the terminal, we were so afraid of losing each other when we claimed our tickets and searched for our boarding area, that we walked in single file, fairly close behind each other." Mara chuckled, "We must have looked like a family of ducks!"

"During our flight to Minneapolis, I tried to imagine what winter would feel like," Mara continued. "Lorenzo had told me that Minnesota winters are very cold. I recalled snowy scenes I'd seen on TV, and wondered if 'very cold' would feel like the inside of a refrigerator. Our plane approached the airport, and the land looked like a lovely black and white photo. The street lights glowed like stars, soft and beautiful. But when I stepped outside of the terminal, the freezing wind made me gasp! It reached inside my thin clothes and stung me!"

The screen door creaked, interrupting Mara's recollections. A stocky man of thirty or so carried a drowsy infant down the back stairs. Tagging behind him was a slender girl of about ten. Ana Lara, I assumed. Mara introduced her family as she and Jesse exchanged smiles. She drew Ana Lara close, and the girl grinned shyly, leaning into her mother's lap. Mara took the pajama-clad baby from Jesse. "Our Rafael is just waking up, aren't you, Pumpkin?" Jesse exchanged a few pleasantries with us and then left to wrap a leaky pipe in their basement.

I returned to their immigration. "So how have you found life in Minnesota?"

"It was hard when we first came! Our jobs paid only five or six dollars an hour. We lived with my brother in order to save money and buy a car. We recently received our green cards, which helped us to qualify for better jobs. Now, we each earn $10.00 an hour and we get medical insurance, too."

"Have you and Jesse had trouble finding jobs in Minnesota?"
I asked.

"Never!" Mara's hair brushed her cheeks like dark wings as she
shook her head emphatically. "There are plenty of jobs that Americans
don't want, low-paying jobs without benefits. Mexican immigrants often
take these jobs. American companies like Mexicans; they know that
we're good workers. I used to clean hotel rooms. All of us in housekeeping were Latino. The hotel manager preferred to hire Latinos because we
work hard. I'm sure that he suspected that we were illegal and that he
could take advantage of us, as well. He kept increasing our duties. He
knew that we wouldn't quit or complain; we were afraid because we
didn't know the culture or English. We earned $5.25 an hour, and none
of us received health insurance or any other benefits."

Mara spoke earnestly, her eyes holding mine. "I feel bad that some
Americans resent us Mexicans. They think we come to take jobs from
U.S. workers. But we don't come to cause trouble. We come to escape
the poverty in our own country!" Mara sighed wearily, "I would like to
ask those who talk against immigrants what they would do if they had to
struggle in Mexico as we did. What would they do if they lived in
poverty without hope of earning enough to support their families? Would
they sit with their arms folded and starve, or would they do what they
could to help themselves?

"When Jesse and I were living here without papers, we worried
constantly about what might happen to us." Glancing at her daughter
who was coloring on the porch, Mara confided, "When Ana Lara
enrolled in school, I prayed that no one would find out that we were
illegal and report us. Jesse and I were always looking over our shoulders.
We feared that Immigration might raid our workplaces and deport us.
Jesse and I wanted to fix up this house, but we knew it was wiser to save
our money because if we were deported, we would lose the house, the
furniture, our car, everything! Another thing, we couldn't take career
training or English classes in a public university or technical school
because you need a social security number to enroll. When we were
illegal, we couldn't move backward or forward. Here, our position was
very shaky, and if we had returned to Mexico, we'd have starved! The
Mexican economy has been so bad that even poor jobs are hard to find."

Mara paused a moment, shifting little Rafael on her lap. She sent
Ana Lara into the house for a bottle of formula. "But now we are free to
build a future. I attend English classes at a church, and I hope to take

more advanced classes at the technical school near the Cathedral when my work schedule permits. I still dream of studying law someday.

"Little by little, we get ahead. Jesse and I share our house with my older sister, Gloria. She and her three kids have lived with us since she separated from her husband. Gloria couldn't have paid for child care and an apartment on her own. She works in the same factory as Jesse and me." Mara nodded toward her two-story bungalow, "My house is crowded, but I'm glad to have Gloria's company, and we help each other."

The back door creaked, and Ana Lara carefully descended the stairs with the formula. She handed the bottle to her mother and ran to play with Gloria's nine-year-old son, who beckoned from a shady corner of the yard with a fist-full of colored pencils.

Watching the kids draw, I asked Mara to tell me her dreams for her children. She didn't think long before she answered. "I would like them to get a good education. It doesn't matter what they study, only that they learn so they can do work that they like. I hope that they marry and have children and live without fear." Mara smiled at Rafael, who lay content-edly in her arms, his fingers delicately resting on his bottle.

It was noon when Mara and I climbed the porch stairs to her kitchen. Bits of conversation drifted up from the basement. A percolator wheezed on the kitchen counter alongside a stack of corn tortillas. Gloria, wrapped in a housecoat, was frying *chorizo* (sausage) and eggs. Her five-year-old son sat engulfed in the roar of a Mexican TV sit-com. Mara's family had begun another day in Minnesota.

Rosario and Martín
"We're here, but where do we settle?"

Love at first sight put Rosario on a path that led from her parent's home
in Aguascalientes, Mexico, to a new life in Minnesota. "When I was a
girl, I never dreamed that I would fall in love and receive a proposal of
marriage all within two weeks, but that's what happened!" Rosario
speaks about her romance with that aura of wonder that surrounds those
who regard their love as a precious gift. We chat in the simple East
St. Paul apartment that she shares with her husband, Martín, and their
two pre-schoolers. Relaxing on her sofa, Rosario nurses baby Claudio, as
her four-year-old, Julia, arranges a menagerie of stuffed animals around
Rosario's feet.

It is easy to see how a man could be instantly captivated by Rosario.
This intelligent young woman has the soft, dark beauty of a fine charcoal
drawing. Today, she has scooped her luxuriant chestnut hair into a
ponytail that cascades down her back. She wears jeans and a cotton blouse.

"The year that I met Martín, all the plans I had made for myself
turned upside-down," she continues. "Fate seemed to have other plans in
mind for me. I had intended to begin a career and remain single for a
while. After I graduated from high school a few years before, I studied
accounting and office skills at a university one hundred miles north of
my hometown. Initially, Father sent money to help me pay my way, but
then I supported myself by working as a secretary during my last two
years of school. Before I turned twenty, I had completed all of my
courses. I moved back to Aguascalientes to live at home with my parents
and brothers and sisters. I started to look for a secretarial and accounting
job, but then I discovered Mary Kay! The skin-care company attracted
me because it offers women marvelous opportunities to succeed. You are
your own boss, the company gives you training in the business and your
success depends entirely on how hard you work. So I changed my career
plans completely and became a Mary Kay sales representative!

"Then, during my first week on the job, a co-worker on my sales
team introduced me to her son, Martín. He had just arrived from Dallas
for two weeks of vacation. I liked Martín from our first meeting; he was
honest and educated and gentle. Well, Martín invited me to go to a disco
with him and another couple that very evening. We dated almost every

day thereafter. He proposed the night before he returned to Dallas. I wasn't surprised when he asked me to marry him. Even though we'd known each other for only two weeks, we were sure of our love. All of a sudden, my plan to stay single for a while was no longer important to me."

Months later, Rosario and Martín were wed by a priest in a picturesque mountain village in the heart of Mexico. Their wedding video shows the elated couple accepting congratulatory hugs and handshakes on the steps of a centuries-old Catholic church that was founded by Spanish settlers and Jesuit priests. Three little boys fidget and giggle as they bear Rosario's embroidered train, keeping it free of the yellow-brown dust. Then the formally clad wedding party climbs narrow cobblestone streets to the reception hall. There, Rosario and Martín are wed again in a civil ceremony. A grave judge in a tired-looking cotton suit officiates. Rosario and Martín must have the civil ceremony because the Mexican government does not recognize the religious ceremonies. The last minutes of the video show Rosario proudly displaying one of the silk-flower centerpieces that she created for the banquet tables. The film ends as the star-struck couple dance cheek to cheek.

They moved to Dallas immediately after the wedding. There was never a doubt that Rosario and Martín would live in the U.S. for Martín prefers it to Mexico. He had already lived and worked in Texas for more than ten years before they married. After Martín graduated from high school at age fifteen, he rode a bus northward and then slipped across the border. His cousin, Victor, found him a job in housing construction, and they shared an apartment. Martín liked the adventure and opportunities that Texas offered. He could explore U.S. culture, earn higher wages than in Mexico and improve his English.

But within a year of his arrival in Texas, a phone call brought Martín back to Mexico. His father phoned to break the tragic news that Martín's brother, the oldest of the family's six children, had died in a car crash. After the funeral, Martín remained in his hometown and dutifully took on his older brother's role of helping his parents run their small granary. Daily, Martín unloaded trucks of wheat, corn and sorghum that they bought from farmers in the surrounding countryside, Mexico's fertile heartland. Out of gratitude for his work, Martín's parents helped him to pay his tuition to law school, a five year university program. He had long dreamed of becoming a lawyer.

Martín had completed almost three years of his law courses when the declining Mexican economy and rising interest rates crippled the family

business. Although Martín's parents kept the business afloat, they were no longer able to afford his tuition.

Martín couldn't earn enough money to pay for his classes. He felt disheartened and longed to return to Texas. Since he had been called home following his brother's death, Martín had mentally compared Mexico and the USA. He believed that Mexico's troubled economy would always have a negative affect on his future. He remembered the prosperity and abundance of jobs he had found in Texas. Yet although he yearned to move north, he felt obliged to stay home and aid his parents.

Then Martín's youngest brother announced his intention to make the family business his life's work. That freed Martín of responsibility. So once again, he crossed the border. He returned to Dallas where he found work, as before. In 1989, Martín accepted the U.S. government's offer of amnesty to illegal immigrants, and he became a permanent, legal resident. By the time Martín met and married Rosario in 1991, he had become a mature man who spoke English fluently and navigated comfortably in the U.S. culture. He considered Dallas his home.

However, Martín and Rosario moved from Dallas only months after their wedding. Martín's older brother in St. Paul convinced the newlyweds to take advantage of Minnesota's lucrative job market. Martín went to work shifting crates in a factory warehouse in Eden Prairie. Because of his abilities to speak English and direct workers, he was soon promoted to the foreman position he holds today.

Yet Rosario says that in spite of his success on the job, Martín wants to leave Minnesota. "Martín really prefers Texas. He misses his good friends there, and he says that it's easier to live in the mild southwest than freeze in Minnesota. Martín says that if we lived in Texas, we could travel back and forth to Mexico less expensively because we'd be closer. Of course living permanently in Mexico is out of the question; the economy is so bad there that we wouldn't last a year. We'd starve! To tell the truth, I don't want to live in Mexico again. Yes, I miss my father and my brothers and sisters in Aguascalientes, but now, I only want to go back to visit. Life in Mexico is too hard!

"Even though Martín says, 'Let's go back to Texas,' I want us to stay in Minnesota. Granted, the winters are harsh, but there are advantages. St. Paul has better schools than Texas, I hear. I want Julia and Claudio to go to school and learn perfect English while they are young. When they are grown, I want them to travel and have careers, and English would help them. I only have one worry about educating them in American schools. Some children become disrespectful and disobedient to their elders

because of what they learn from their classmates. Kids feel pressure to join gangs and take drugs. When Julia and Claudio become teenagers, I will send them back to Mexico to attend high school. Afterward, they can return to Minnesota for college.

"I would like to go to college, too. There are many opportunities for me here in Minnesota: the University, technical college, private schools…I would like to study cosmetology or interior design, but I can't enroll until my children get a bit older. Since I stay home to take care of the children, I study on my own. I try to learn English, and I study to pass the GED. I'm almost ready to take the test!

"Getting back to where we decide to live, I think we should stay here where Martín has a secure job. Another thing, I ask him why he wants to move far away now that most of his brothers and their families have immigrated to St. Paul. Since we have family near us, and we are financially comfortable in Minnesota, why move?

"Oh, to be fair, there are good reasons why we should stay here and equally good reasons for moving to Texas." Rosario sighs, shakes her head and smiles wearily at her ongoing debate with her husband. "Do we stay or go? Sure, we'll be all right as long as we're together, but we're trying to find what's best for us. That's an important decision! It seems that's all Martín and I talk about these days."

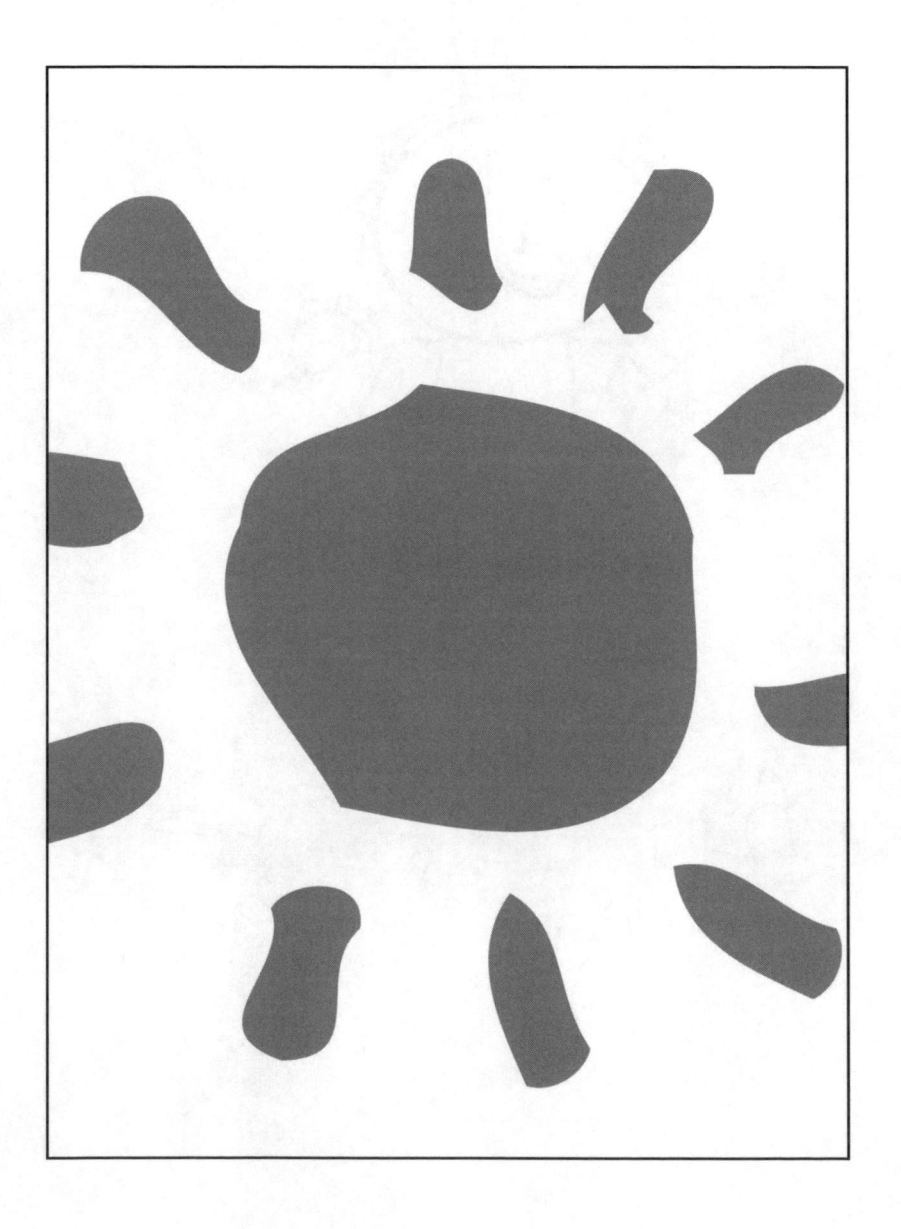

Veronica
Working in the USA to Put My Children
Through College.

Veronica and I are sipping tea at a checkerboard-sized table in the kitchen of her third story apartment. She informs me that at the turn of the century, this mansion in the affluent Kenwood neighborhood of Minneapolis boasted a staff of servants: maids, a cook and chauffeur. Veronica is the current owners' only employee. Housekeeper and part-time nanny, she has all three rooms of the former servants' quarters to herself. I glance out the wavy panes of the antique kitchen window and see that I'm eye to eye with the topmost branches of a giant oak. The kitchen ceiling slopes above our heads at a ninety degree angle, creating a homey, grandma's attic atmosphere, and I feel at home.

I feel at home with Veronica, as well. A refined Mexican of about forty-five, she has mastered the flattering art of giving her full attention to whomever she's talking. Like most Mexicans, Veronica is a product of two cultures. Her well-defined cheek bones and slender nose come from her Spanish grandmother. Her complexion, the hue of tide-washed sand, is a gift from her Indian ancestors from the southernmost Mexican state, Chiapas. Veronica responds to my questions about her immigration from Vera Cruz to Minneapolis with an easy manner. Her English impresses me. Seven years ago she spoke only Spanish. Now, she rarely gropes for words to express herself.

"The devaluation of the peso forced me to come to the United States in 1990," Veronica explains. "The Mexican economy fell so low, I could no longer earn enough money to support my children and keep them in school. So I came to Minneapolis because wages are higher here. Over the past seven years, I've built my own housecleaning and catering business. Now my youngest child is about to graduate from college. Funny, years ago if someone had predicted that I would come to Minnesota and work as a housekeeper, I'd have thought they were crazy!"

Veronica tells me that she never worried about money, not until the value of the peso dropped in 1987. "From childhood on, I lived comfortably," Her tone is matter-of-fact. "I come from a middle-class family. My father was an engineer and surveyor. When I was eighteen, I married a mechanical engineer and we had two children, Andres and Zazu. My husband worked for a Japanese car company. His assignments often took

him away from home. He lived in Japan for the last two years of our marriage. He learned the latest technology there, and then he brought what he had learned back to factories in Mexico and Peru. Our home in Monterrey was hours away from my friends and family in Vera Cruz. I felt lonely and a little bored so I took a job as a part-time receptionist, not for the money, but just to fill my days.

"I met Sergio in the office. Sergio was an incredible man, a powerful developer of residential real estate in Monterrey. He had worked his way up from polishing shoes on the street corner. He was very political and knew the most influential people in our country. He even lunched with our president! Sergio had such charisma! He wasn't physically attractive, but he had energy and self-confidence that drew people to him. He was thirty years older than me, but I fell in love with him in less than two minutes!

"Within a year, I divorced my husband and bore Sergio's child, Gigi, my youngest. Sergio, the children and I moved into one of his best houses, an elaborate colonial-style surrounded by a walled garden. Sergio was generous. He treated Andres and Zazu as his own. He even paid their tuition to private school. Sergio pampered me, too. I had my hair and nails done weekly and wore elegant, custom-made clothing. A servant cleaned my house while I took *café con leche* with my friends, the wives of middle-class professionals. But I didn't loaf all of the time. I worked on political campaigns, I drove my children and their friends to music and foreign language classes, and I served as president, secretary and treasurer on the boards of their schools.

"Sergio and I stayed together for twelve wonderful years, but we never married. He often promised to divorce his wife, but the difference in our ages always stopped him. When I'd tell him that I loved him and wanted to be with him forever, he would warn me, 'You will still be young and attractive when I am a weak old man. Imagine how you will feel then.' I couldn't convince him that age didn't matter to me. I loved him so!

"Then on July 10th of 1987, Sergio told me, 'We're through. I still love you, but it's over between us.' His decision was as final as death.

"He said that I would have to move out of our house. However, he was responsible and promised to support our daughter, Gigi, through college. All three of my children missed Sergio; we had been a family. Our separation was especially hard on Gigi. She was only ten and couldn't understand why her father left us. And me? I couldn't imagine life without that man.

"The children and I moved into the house I had lived in with my ex-husband. He had willed it to me before he died of diabetes in 1985. At first, I fed us with the money I had saved from renting it out for the previous two years. Then I started to panic as my nest egg shrank. I had to adopt a lower standard of living. As they say, after parting, the man's bankroll goes up and the woman's goes down."

I tell Veronica that I know women who have faced similar situations after divorcing. I ask her what she did to survive on her own.

"I sewed for my rich acquaintances, but I barely earned enough to buy essentials," Veronica sighs in frustration. "It took me eight hours to complete a lined skirt, yet it brought me only 30 pesos. That fed the four of us for only a day. Our diet became simple, like poor peoples': beans, rice, tortillas, a few tomatoes. What a change from the seafood and veal dishes that I used to prepare when we lived with Sergio!

"My kids helped me as much as they could. Zazu was fifteen at the time. She gave English lessons to neighborhood children. That way she paid for her bus ride to school, her pencils and notebooks. Andres won a scholarship for his first year in the university. I worked fourteen hours a day, cleaned my own house and guided my children's education. Still, I couldn't keep up with expenses. When I got pneumonia, there was no money to buy medicine!

"So in order to live more cheaply, I sold my house in Monterrey and invested the money to build a smaller one in Vera Cruz. I decided to live near my mother so we could help each other. That was a smart plan until the value of the peso dropped again in 1988. Over the next two years, my earnings bought less and less. To make matters worse, Sergio cut Gigi's educational allowance by half! I panicked! I needed more money for education. Soon all of my children would be college age!

"Then another disaster struck. My brother-in-law had been supervising the construction of my new house while I settled my business in Monterrey. He mistakenly allowed the builder to go over budget before the house was finished. The contractor demanded payment before he would finish construction. Suddenly, I owed the equivalent of $3,000 American. That was a fortune! I was in the bottom of a deep, deep hole!

"Fortunately, some family members loaned me money to pay the contractor. They did me a great favor because they saved me from taking a bank loan. In Mexico, the interest rates on loans are not guaranteed, you know. Interest hikes on loans have driven many people out of business over the past ten years. Recently, a friend of mine from Monterrey came to Minneapolis to earn money to repay a bank loan.

This woman and her husband are well-educated lawyers, but sky-high interest on the loan to remodel their law office has forced her to become a nanny to three preschool children!"

"Veronica," I interrupt, "You came to Minnesota for the same reason as your friend: to earn money. Right?"

"Right! I had to repay the $3000 that family members had lent me. I needed to earn money to support my children. I wanted to send them to college prep schools and universities, too. So I asked my mother and sister to help me find a solution for my money problems. After much discussion, we agreed that I had only one option: I must go to work in the United States. My mother agreed to supervise my children while I was away. Fortunately, they would be living almost next door to her in the house I built in Vera Cruz. I was pretty sure that Andres would be OK. He has always loved books and was totally absorbed in his university studies. However, Zazu and Gigi were 17 and 12, dangerous ages for girls without a mother's supervision. I had never been separated from my kids, and I was deeply worried about leaving them."

"Veronica," I ask, "how did you manage to live under the stress of so many problems?"

"I certainly had a mountain of troubles," she acknowledged. "I confess that I was a little angry with God for all that had gone wrong in my life. Then one day I came to my senses. I admitted that my way of doing things hadn't worked too well. So I said, 'OK God, let's try your way.' I turned my decisions over to God and soon, things got steadier.

"I put my car up for sale to get the $500 I needed for plane fare and for cash to leave with my children. When the ad appeared in the newspaper, I said, 'OK, if the car sells right away, that will be a sign that I should go to the U.S.' It sold the next day! From then on, the pieces of my life began to fit together like those little cogs in a watch.

"First, a friend of mine arranged for me to live, rent-free, with a travel agent until I found work. The travel agent's name was Angie. She only asked that I help her to learn Spanish in exchange for sharing her house.

"I knew nothing about Minnesota before I came here. So my kids looked it up in the encyclopedia and told me that it's just south of Canada. 'It's cold there, Mother,' they protested. 'Everything is covered with snow and ice for five months of the year!'

"I asked them if there were people in Minnesota. They looked at me like I was crazy. I told them, 'If the people in Minnesota can stand the cold, so can I!'

"A friend of mine got me a visa to enter the USA. She and her children often accompanied her husband to California on his business trips. She told the government agent that I was their nanny, and that she needed a visa so I could go along.

"I flew from California to Minnesota in May of 1990. Angie met me at the airport. We became good friends right away. She registered me for free English classes at a community center. I studied there for four years. I was determined to learn English so I could understand what was going on around me, and I didn't want people to assume that I was stupid just because I couldn't speak well.

"The week I arrived, Angie found for me a permanent housekeeping position in an affluent area of Minneapolis. My employer spoke a little Spanish. That was lucky because I spoke no English. She paid me $150 a week plus room and board. That seemed like a million dollars to me! Each month, I sent $500 to Mexico to pay the debt on my house, support my kids and pay for their studies. With the remaining $100, I paid my phone bill and bought necessities for myself, as well as clothes for Gigi, Zazu and Andres. I repaid the loan on my house in two years. My nails got stubby from scrubbing sinks and floors, but that was no longer important to me. I was thrilled to be debt free!"

High pitched barking from the backyard interrupts Veronica. It has started to rain. She excuses herself to let her employer's schnauzer inside. I listen as Veronica's loafers hit the stair treads. She rapidly descends and ascends two steep flights. The bearded little dog bounds ahead of her, checks me out and flops on the linoleum floor.

Veronica continues her story, "My first six months in Minnesota were very hard. I had never been far away from my kids or my house. And another thing, I had to change my attitude about being a house-keeper. At first, I felt ashamed. Mexicans think cleaning is work for poor people not for middle-class women. In Monterrey, I had been the lady, the employer, but in Minneapolis I became a servant. It took me a while to understand that the job I was doing was respectable.

"My friends here have helped me to learn how to live in the USA. I'll always be grateful, too. People have been kind to me, especially when they found out that I came here to help my children. The families I clean for have given me clothes they can't use anymore. Angie helped me learn English and so did the teachers and the other students, and Jim helped me learn English. Oh, I haven't told you about Jim!

"I met Jim six months after I arrived in Minnesota. The family I was living with introduced us. He was their friend and accountant, and they

told him my story. Even though Jim had traveled through Mexico, he didn't know Spanish. However, he thought it would be fun to go out with a middle-aged lady and help her learn English," Veronica's eyes crinkle in a smile at the memory.

"I hadn't gone out with a man since Sergio left me. However, my American friends didn't have much spare time to help me practice English so I agreed to a date with Jim. He took me to a high school basketball game. Afterwards, we went out for coffee. It took imagination for us to communicate. We used sign language when we couldn't find words. Sometimes we got our point across by drawing on napkins. It was fun! So we made other dates. My English improved rapidly with Jim. He's a sports fan so I learned hockey and American football terms, of course. Well, that was our beginning.

"I became fond of Jim and that really surprised me. I hadn't thought I'd care for another man after I lost Sergio, but Jim is kind, and he's a good conversationalist. I felt myself healing, emotionally, when I was with him.

"Jim and I continued to work on my English, and I also went to classes. The better my English got, the more my cleaning business grew. Because I understood most things that people said I could accept jobs in homes where they spoke no Spanish.

"My first employer was so pleased that I was able to cook authentic Mexican dishes and sew, that she recommended me to her friends. They liked me because I was willing to do almost any odd job: walk the dog, house-sit, baby-sit, water the garden, etc. Since I had no family to care for, I put myself at people's beck and call. I bought a used car so I could travel from house to house or pick up ingredients at the Mexican market for the dinner parties I prepared for families.

"I earned enough so that I was able to bring my children to visit me in the summer of 1992. They met Jim then, and they adored him. Before they left, Andres made Jim promise to come with me to visit them at Christmas, when they would be on holiday from their university classes.

"After we spent Christmas with my family, Jim asked me to marry him. I told him that I planned to live in Mexico after the children graduated from college. So he had to decide if he was willing to live there. I think that the decision was easy for him because he had already traveled in Mexico and liked it. He fell in love with the soft climate of Vera Cruz. It's a beautiful city with many business opportunities for him.

"Jim and I married the next summer. For the past four years, we have been preparing for our life together in Mexico. In fact, Jim is in

Vera Cruz now. He is working for an American company and starting his own consulting service for Mexican business owners. He lives with Andres and Gigi in the house I built, and they all get along very well. However, my mother is a little bit jealous that Jim is such an excellent cook. Preparing dishes for the kids used to be her exclusive territory," Veronica jokes.

"So when do you plan to return to Vera Cruz for good?" I ask.

"I will go back next spring when Gigi graduates. She is the last to get her degree, and that's normally a five year course of study in Mexico. Andres earned his first degree in 1994 and then taught philosophy at a college prep school for a year. He returned to college on a full scholarship from a national businessmen's association. He is finishing his master's thesis now. He'll return to teaching soon.

"Zazu got married last year. She and her husband moved to Mexico City to follow his medical career. She teaches communications at a public university. She also plans to get a masters' degree. Someday she'll make me a grandmother, too.

"My baby, Gigi, took up communications like her sister. Sergio still pays about half of Gigi's tuition. I hope that he can continue to help her, especially if she goes on for a master's degree. Her school is excellent, but very expensive! Sergio is seventy-five now. He recently had surgery for colon cancer, poor soul. At any rate, Gigi earns pocket money and pays for her textbooks and lab fees by modeling clothing in a department store. I pay the rest of her expenses. She has only two semesters to go.

"Sometimes, I can't believe that we've come so far in seven years. I have twenty clients now, and I'm so busy that sometimes weeks pass before I have a free day. But it's been worthwhile because my children are well prepared for their careers."

Veronica laughs and wipes imaginary perspiration from her forehead. "Whew! What's that saying that means you have almost reached your goal?"

I offer a suggestion, "Seeing light at the end of the tunnel?"

"That's it!" Veronica beams, "Now I see light at the end of my tunnel."

Pilar
A Good Mother

I came here because I had suffered much in Mexico, and I didn't want to suffer more," Pilar confided in a husky voice, dipping her chin and peering at me from under the black, wavy bangs that skim her eyebrows. She was interrupted by a whimper. The baby she was watching awakened from his nap. Pilar rose from the dinette table to tend him. Her three-year-old daughter, Jody, hovered at Pilar's elbow, proudly assuring me that she is her mother's best helper. I watched Pilar, stocky and muscular, move about her dusky apartment with the sure footing of an athlete. She soon returned to the table, cradling the baby in the crook of her arm.

When I asked her about her childhood, Pilar's voice lowered to a whisper, "When I was five, my mother burned my feet! We were picking fruit at the edge of the forest. She must have been angry with me for something I had done. I think I had disobeyed her, waded in the river or strayed off. I can't remember. Earlier that day, Mother had gathered dry leaves and twigs and made a fire. She grabbed a smoldering branch and held it to the soles of my feet." Pilar recited the episode in a trancelike monotone, as if she were far away.

I longed to comfort her, but was so shocked and overwhelmed I only stammered, "I'm sorry, Pilar," inwardly grieving that I could not erase the ugly memory she carried.

Pilar continued, "Even though Mother was angry, there is no excuse for abusing a child. She would snatch me from my chair and beat me and drive me from the table. She often refused to feed me. I used to pick and eat green bananas in order to survive. She used to pass me off on my aunts or my grandparents who lived on a ranch or whichever relative would agree to shelter me. Mother didn't want to take care of me, didn't want me in the house. I don't know why, but that was the source of her abuse."

I asked Pilar if her mother had abused Pilar's brothers and sisters. "No, but she was never particularly tender with them either," she recalled.

Today, Pilar's brothers and sisters and her mother, now in her seventies, still live in Ciudad Guzmans, Mexico, Pilar's hometown. Her father died several years ago. He was a commercial truck driver, who hauled fresh-cut logs to saw mills. He did not mistreat his children.

However, he was on the road for weeks at a time. Left alone, Pilar's mother had freedom to abuse her.

Since her mother neglected her, Pilar had to fend for herself. By age eight, she had joined the ranks of street venders. Pilar sold sandwiches that she would construct from white bread, ham, lettuce, tomato and chilies. She also hawked seasonal fruits.

Late each summer, Pilar would harvest fruit with a ragtag group of child venders. They would gather at midnight near the city outskirts, walk into the countryside, and arrive at a moonlit orchard about three in the morning. Scrambling up the orchard hill, they would shake slender branches until apricot sized, acidic fruit called nance rained on the ground. At dawn, they would trudge back to their street corners and peddle the yellow fruit to city dwellers, serving it up, sugar sprinkled, in paper cones.

Through such enterprises, Pilar bought her textbooks, clothing and food. Throughout secondary school, she worked as a servant for middle-class families, attending class as she was able. For several years, she scrubbed and tidied a corner pharmacy owned by three elderly women. One of them was an invalid whom Pilar bathed and dressed each morning before she went to school.

As Pilar entered young womanhood, she felt drained from hustling to make a living for nine of her seventeen years. Yet the physical and emotional abuse from her mother had taken a greater toll, constant rejection had damaged Pilar's self-esteem.

As Pilar told me about her struggles to survive abuse, poverty and neglect, questions about the long-term effects of abuse raced through my mind. Does an abused child come to fear that she has a defect of spirit or character that causes her parent to demean and mistreat her?

According to Mexican tradition, parents must love their children. The Church supports this view. In their homilies, priests present the Virgin Mary as an example of mother-love. Abused children must realize that something is mightily amiss in their lives! Abusers, through their mistreatment, tell their victims that they are unworthy of love, care and forgiveness. The child who endures abuse and neglect must doubt herself, "Since my mother thinks I am unlovable, do other people see me that way, too? If I reveal my inner-self to others, will they discover that part of me that disgusts my mother?" While I listened to Pilar, it occurred to me that an abused person might view making friends or asking for a job as extraordinarily risky. An abused child might need

great courage to forge beyond shame and self-doubt in order to build relationships.

Pilar continued her story, and I learned that she had reached out to others. In fact, her friendships with schoolmates brought her a major life change. After she finished her second year of high school, four of her teenage friends invited her to immigrate with them to Chicago. Their tales of well-paying jobs and the romance of a foreign country convinced her to give up her job and school to accompany them.

When Pilar gave notice to her employer, secretary to a major government official, he counseled, "Wait until I can get you a tourist visa so you can enter the USA legally." But Pilar's friends wouldn't wait. Since Pilar didn't speak English and feared to travel alone, she chose to leave with them.

Pilar's boss and his wife were fond of her and pleased with her gentle attentions to their infant son. They gave her a farewell gift of cash, as well as their phone number, pleading with her to call them if she ever had an emergency.

Pilar told me that she saw the USA as a place to escape drudgery and hardship. "I thought that my life would change completely in the United States," Pilar mused as she cuddled the baby and admired the stick people Jody had scribbled on a grocery bag.

When Pilar announced that she would immigrate, her mother did not express concern nor curiosity about her daughter's plans. Yet as Pilar neared the border at Tiajuana, she prayed, "I hope that my mother will miss me when I'm in the North."

In Chicago, Pilar and her friends found jobs in a clothing factory. Their starting salaries were under six dollars per hour, but that was four times what they had earned in Mexico. The five of them shared a two-bedroom apartment to make ends meet.

Almost immediately, Pilar fell in love with Rigo, a Mexican-American co-worker. Six months later, she moved into his efficiency apartment. For a year, she knew caresses and kindness. They had a son, Marcos, and Pilar reveled in the delight of having her own home and family. Then, inexplicably, Rigo began to beat her. His moods became unpredictable. He would alternate temper tantrums with words of sweet repentance. Frightened, Pilar considered leaving, but she didn't believe that she could support herself and her infant son and pay for child care, too. So she stayed with Rigo, praying that he would become his old self again.

Pilar and Rigo had a daughter in 1983. Rigo continued to erupt. Pilar felt even less able to escape the abusive situation with two children

to care for. In addition, her status as an illegal immigrant further crippled her chances of surviving on her own. She knew that she could be victimized by landlords who charge undocumented immigrants double the going rate for rent or by vindictive persons who might report her. As her husband and a U.S. citizen, Rigo could have sponsored her to live legally in the USA. However he refused to marry Pilar. Instead, he used her undocumented status to control her, threatening to turn her in. She could have been deported and separated from her children.

Within months of delivering their daughter, Marcela, Pilar became pregnant for the third time. She tried everything she knew to keep peace with Rigo. As a child reacting to her mother's attacks, she had learned techniques for dodging abusive people: agreeing, pleasing, staying out of the way. She continued to work in the clothing factory in order to help pay their living expenses. However, nothing she did pacified Rigo or brought back his initial tenderness.

Some of their mutual friends told Pilar that Rigo had turned against her because he had found another woman. She did not dare to question him about the rumor. One night when Pilar was eight months pregnant, Rigo repeatedly shoved her against the kitchen counter. He pummeled her with rock-hard fists until she passed out.

Pilar realized that she must leave Rigo or die. Fifteen days before she delivered her third child, Pilar fled with her toddlers, Marcela and Marcos. They rode a Greyhound bus cross-country to Corona, California. She prayed that Rigo would never find her there. Her cousin in Corona agreed to shelter her until she got on her feet. However, when she arrived, she learned that her cousin was only able to house her and the children for a few weeks surrounding her delivery. Pilar didn't know where to turn.

Then Pilar's luck changed when she met Guadalupe at the corner grocery store. Guadalupe, Lupe for short, was a single mother of two from Guadalajara. She offered to share her house with Pilar. To Pilar, Lupe's benevolence seemed as bountiful and blessed as that of Lupe's namesake, the Virgin of Guadalupe, Mexico's patron saint. For the next four years, the two women watched each others' backs. Together, they met household expenses, shouldered the daily grind of chores, and watched each other's children.

Then on a sweltering afternoon in the summer of 1988, Rigo knocked on Pilar's door. She still remembers his guiltless smile, "He said he missed me and the children. He said that he loved me and

wanted us to be together again. Sweetly, he promised me the sun and the stars, and I fell under his spell."

Rigo had smooth-talked her for two weeks when he asked permission to take Marcela and Marcos to the corner store for an ice cream cone. The three never returned.

Pilar was frantic. She had always kept her children close for they were of a tender age; Marcela was eight and Marcos only six. All of a sudden, she had no idea where they were! Pilar phoned Rigo's family in Chicago. She begged for information on the children's whereabouts. No luck. She placed more phone calls. A friend in Chicago told her that Rigo had taken the children to Texas, but that rumor led to a dead end, just like every other trail she followed. In the meantime, Pilar discovered that Rigo had given her more than lies. She was pregnant again!

Desperate to find her children, Pilar consulted a lawyer. His investigation took months. Eventually, he found that Rigo had sent Marcos to live with friends of his in Texas. Marcela was living with him, his wife and her sister in his Chicago apartment. The lawyer immediately started proceedings to return the children to Pilar. The legal process dragged on interminably. Three long years after Rigo kidnapped the children, the court gave Marcela to Pilar, but awarded Marcos to Rigo.

Because of the animosity between the couple, Rigo would not allow Pilar to see her son. Then in 1991, Pilar suffered another profound loss. Lupe, her friend and housemate, sold her house and moved to Guadalajara.

Again, Pilar came on hard times. She lost Lupe's help and moral support. In search of friendship and assistance, Pilar relocated to St. Paul in order to be near an aunt and uncle. However, the city seemed unwelcoming. When she sought an apartment, the landlords told her that they were already rented. She soon realized that they made excuses not to rent to her when they heard her broken English and learned that she was a single mother with three young children. After much searching, she settled in a tattered duplex apartment with Marcela, Gabriela, her second daughter, and Jamie, her son conceived during Rigo's California visit. Pilar was disheartened by the long legal fight to reclaim her children and the loss of her son. Lacking training and English skills, she was unable to find work that paid enough to support her three children. She saw no alternative but to apply for Aid for Dependent Children (AFDC).

To add to Pilar's sorrow, nine-year-old Marcela was deeply disturbed when she returned from living with Rigo. Pilar mourned, "Before Rigo took her, Marcela was gentle and sweet and not afraid of anything, but

she came back to me lying, confused and afraid of being beaten. One day, shortly after the judge gave her back to me, I sent her to fetch a cola. She came back with a lemonade. I joked, 'Hey, what's this? I wanted a cola. Here you come with a lemonade!' Marcela backed away from me, fear in her eyes, 'Are you going to hit me?' I told her of course not, everybody makes mistakes, a lemonade instead of a cola isn't the end of the world. It was then that I learned that Rigo's teenage sister-in-law had beaten Marcela, for even the smallest of errors."

Marcos did not fare any better with Rigo. As he entered his teens, he rebelled and committed a chain of minor crimes. The courts placed the boy in a succession of foster homes, which didn't improve his sense of security. When the police caught Marcos in yet another crime, vandalizing cars, Rigo petitioned the court to declare his son incorrigible. The judge placed the thirteen-year-old in a youth correctional facility. Pilar knows that Marcos, seventeen, currently lives in Chicago with his father. However, she gets almost no news of her son and hasn't seen him since Rigo took him from her.

Like Marcos, Marcela became rebellious as she moved into her teens. Her mistreatment while with Rigo had embittered her. Pilar tried to keep her daughter at home and out of trouble, but Marcela ran with wild friends. They taught her to accuse her mother of abuse so Marcela could escape her mother's control. When they appeared in juvenile court, Pilar showed documentation from Marcela's schools that Rigo's sister-in-law, not Pilar, had abused Marcela. Neighbors testified on Pilar's behalf, as well. Still, the judge committed the troubled girl to a youth shelter. Determined to live as she pleased, Marcela broke out and lived on the streets, committing petty crimes to survive. The juvenile authorities were to place her in a correctional facility when she disappeared.

Marcela was missing for six months before she turned up at her paternal grandparent's house in Ciudad Guzman. Far from her wild friends, in the comfortable home of her grandparents, Marcela's life began to stabilize. Marcela graduated high school at sixteen and went to work at a Mexican child protection agency.

After Marcela ran away to Mexico, Pilar was left alone with her youngest, Gabriela and Jamie. She found a man whom she thought would truly love her. They lived together for a while, and they had a child, Jody. In time, he proved to be financially irresponsible and incapable of holding a job. Disappointed, but knowing that he wouldn't make a good partner for life, Pilar broke off their relationship. Once again Pilar shouldered full responsibility for her children. Since she

couldn't earn enough to support them and pay for child care, too, they continued to exist on AFDC and the extra dollars that Pilar earned by baby-sitting neighbors' children.

One of Pilar's greatest strengths is her skill with children. Having suffered at her mother and Rigo's hands, she has vowed never to hurt others as she has been hurt. Her younger children's easygoing manner and their successes in school attest to her parenting skills. She instills self-confidence in children by loving and encouraging them. In the tradition of Mexican mothers, Pilar takes an active interest in her children's education. She regularly volunteers in their schools and is well-liked by their teachers.

In 1995, Jamie's teacher offered Pilar employment as her classroom assistant. However, Pilar could not accept the job because she had no social security number.

Pilar has yearned to become a legal resident so she can obtain a social security number and accept work that would allow her to support her family and get off welfare. When Pilar moved to St. Paul, she consulted with a nonprofit legal office to find a way to become a legal resident. "The United States is my home," she declared. "I couldn't go back to Mexico after living here for so many years. It would be like starting all over again in a foreign country. Besides, my children are U.S. citizens." By 1996, Pilar had lived in the USA for eighteen years.

Pilar's lawyer advised her that she had two options for gaining residency. The first was to marry an American citizen. The second was to find an American sponsor, not related to her, who would guarantee her a job and promise to support her and her children if she became incapable of working.

More than a year has passed since Pilar told me her life story. Recently, she realized her dream of becoming a U.S. resident. Tears dropped from her eyelashes like crystals when she recalled, "It was a miracle!" After searching for two years, Pilar and her social worker found a Mexican-American businessman willing to sponsor her. In addition, he trained her for a job in his family-owned grocery store. Today, Pilar works as a cashier alongside of her sponsor and his wife.

Pilar smiles with enthusiasm for her job and her family's future. "I feel relaxed for the first time in years. I don't have to fear being deported, and I can hold my head high because I have a job."

I asked Pilar if she would like to return to Mexico. "I would like to see my sisters and brothers in Ciudad Guzman, but there is nothing to keep me there. Marcela recently got married and moved to Texas." She

thought a moment longer and responded wistfully, "My mother didn't miss me when I left Mexico, as I hoped she would. I phone her from time to time, but she never calls me. She still doesn't care about me. I live with this truth…she will never love me."

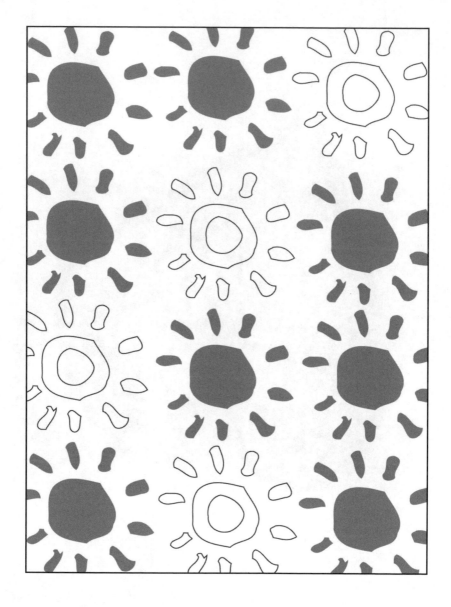

Dolores
I will marry for love!

Señora Estrella wondered why the young girl was lingering in the public gardens of Tehuacan, Mexico. Although the middle-aged woman was intent on her weekly errands in the city's commercial center, the girl's forlorn posture caused her to slow her steps and look again. Señora Estrella had crossed the small municipal park several times as she compared prices in the shops. She glanced at her watch; the child had been sitting on the same wooden bench for at least an hour! Where was her mother? Why did the girl stay where a stranger might molest her? She wasn't begging, and she didn't seem to be waiting for anyone. No, she seemed deep in thought. Was she lost?

Señora Estrella approached the bench, her voice gentle as a mother's caress, "Where do you live, child?" The girl, Dolores, studied the matron's round face, well-groomed hair and respectable frock. She gazed down at the stone path and muttered, "I have no home; my mother and father are dead."

That was an invention. Dolores' divorced parents were not dead. Dolores had fled her mother's house in Puebla two years earlier, at age eight. The determined child had vowed that she would no longer be beaten by her mother's boyfriend. Nor would she watch him abuse her mother, brothers and sisters. His unpredictable gusts of temper and unfair accusations frightened her. "You are lazy and stupid, you good-for-nothing! You don't want to work, you loafer," he'd jeer with a liquor-thickened tongue.

Dolores' mother, Olga, did not protest when Dolores announced that she was leaving to live with her cousin and aunt in Orizaba. Dolores had cajoled them into letting her earn her keep in their bakery. The two kind women taught her to form shell shaped rolls, *conchas,* from sweet dough, stock the display cases and scrub the stainless steel work tables to a sanitary sheen. But after two years, the little bakery failed. Dolores' cousin and aunt could no longer afford to shelter her.

Yet Dolores was determined not to return to her mother's violent household. So she walked to the nearby village where her father ran a *tienda* (a small variety store). When she asked for his support, he reminded her that he had a new wife and family. He said that there was

no room for her in their crowded apartment. Dipping into the till, he ordered Dolores to return to her mother and handed her a few pesos for the train ride back to Puebla.

Dolores was hurt by his rejection. Unwilling to obey the father who cared so little for her, she bought a ticket to Tehuacan, thirty miles from Puebla. She hoped that she might find shelter with her mother's sister who lived in that city. Yet deep inside, Dolores realized that her odds were slim; her aunt had to feed her family of seven on the meager wages she earned cleaning houses. Dolores disembarked from the train at noon and wandered over to the community garden in the town square. Uncertain of her aunt's address, she bought an ice cream cone for lunch, slumped on a park bench and watched whiskered old men toss crumbs to cloud-colored pigeons.

When Señora Estrella approached, the woman's kindly concern made Dolores ache with loneliness. Señora Estrella seated herself beside Dolores upon hearing that the girl was homeless. Warming to the matron, Dolores wove a story to enlist sympathy. Dolores claimed that she had been shifted from family to family since a car accident orphaned her when she was three. She lamented that she had no home or work. She sobbed, "I have no place to sleep."

By the end of the afternoon, Dolores found herself sweeping the floor of Señora Estrella's *libraría* (greeting card and book store). For four months, Dolores eagerly cleaned, unpacked merchandise and stocked shelves. In exchange, the kindly woman sent her to school, fed her, and let her sleep on a cot in the stockroom.

Then one fatal morning, Dolores' aunt entered the shop to make a purchase for her employer. She started when Dolores entered from the storeroom, broom in hand. "Dolores, what in heaven are you doing here? Your mother is afraid that you're dead!"

The next day, Dolores' mother, Olga, arrived, blushing with humiliation at her daughter's escapade. She took her protesting eleven-year-old daughter home to Puebla.

Again, Dolores stubbornly refused to live in her mother's violent household. Instead, she found a job as a live-in maid. Over the next six years, Dolores worked as a servant and nanny in various households around Puebla. She managed to attend school occasionally, but not often enough to keep up with classmates who had the luxury of regular schooling. Still she learned to read and write enough to get by. Well-meaning neighbors and relatives tried to convince Dolores to return to

her mother, brothers and sisters. "No. I'll live where I please," she would respond firmly.

Years later, Dolores recalled dangers she had encountered while living on her own. "I met some bad people on my road. There were men, men who tried to abuse me from the time that I was very young. But I quickly learned to stay away from them!"

Although she would not live with her family, Dolores paid frequent visits to her mother, younger brothers and sisters. She truly loved them, and each visit brought feelings of sadness and frustration as she watched them suffer from her mother's boyfriend's cruelty. They were trapped because Olga saw herself as dependent on her man. Yearly, Olga bore a baby for her lover, even though they already had too many young mouths to feed. Repeatedly, he withheld money until she saw no alternative but to beg Dolores' slim earnings to buy food.

Dolores often urged her mother to leave him. One day, Olga announced that she was pregnant again, and Dolores cried in despair, "Why do you stay with this man when he mistreats you?"

Her mother responded wearily, "Because he is the father of my children."

Olga's answer didn't satisfy Dolores. "And what kind of father is he? He won't give you money to provide for the children. He makes you stay in the house and only allows you to have babies. Why do you stay with him? If a man told me, 'I am going to hit you!', I'd tell him, 'Who are you to threaten me? I don't need you. I can take care of myself!' Mother, I will never marry just to be taken care of!"

Within weeks of their exchange, Olga died of a miscarriage brought on by a fall on the stairs of her home. Her boyfriend convinced the suspicious doctors that the fall was accidental.

Although Dolores is now grown and the mother of five, she is still haunted by Olga's needless death. Dolores teaches her children to be independent in order to protect them from hardships like those her mother endured. "You must earn what you need because nobody is obligated to give you those things," she advises them, crossing her firm, round arms across the bodice of her yellow sun dress. "When you are grown, you will live in your own houses with your own spouses and children. I will help you if your children are sick or if you have a serious problem. But I am not going to mix into your lives and complicate them. You must be responsible for yourselves."

In the weeks following her mother's death, Dolores found homes for her younger brothers, sisters and half-siblings. Then through the years,

she kept close to them. She also continued to earn her keep by working in bakeries and as a servant.

Dolores married at nineteen. True to her vow, she married for love. Dolores bore a son and a daughter over the next five years. Then love for her husband turned to disgust as he pursued other women. Dolores refused to tolerate his infidelity; she saw it as a form of abuse. She repeatedly asked her husband to change his ways, but he wouldn't quit philandering. So after seven years of marriage, she left him.

Dolores was twenty-six when they parted. Since she had to support herself and the children, she headed north; she had heard that she could earn more money in California than in Mexico. She had no choice but to leave her children with their father for a while; the trail of illegal immigrants was too dangerous for children to travel. She promised them that she would return for them when she could afford an apartment.

Dolores crossed the Mexico/U.S. border just as she had lived most of her life, alone. She walked three days on a desert trail to reach the green fields of southern California. The glaring sun stained her walnut-colored skin an even deeper hue.

In California, Dolores joined the ranks of migrant workers who follow the annual progression of crops in the Imperial Valley, one of the richest growing areas in the U.S. Its gentle climate nurtures crops throughout the year. In winter, Dolores tilled and harvested peppers, melons and lettuce. In summer, she worked in the sugar beet fields.

In 1986, Dolores was among the first Mexicans to accept the U.S. Government's offer of amnesty to farm laborers residing illegally in this country. Under the offer, she became a permanent U.S. resident and remains one to this day.

Intent on reuniting with her son and daughter, Dolores lived frugally and saved money, a skill she had mastered in childhood. Within a year, she was able to buy a used Ford station wagon. She also made a down payment on a two bedroom trailer house. She was ready to support her children. Yet when she returned to Puebla, her ex-husband refused to give her even temporary custody of either child.

Angered by his unyielding attitude, Dolores impulsively snatched her two-year-old daughter, Emilia, as the toddler played on the sidewalk in front of the ex-husband's house. He, in turn, was so embittered by Dolores' action, that he has refused to let her see their son ever since. In the past eleven years, Dolores has had only a few telephone conversations with the boy. Her son, Oscar, now sixteen, has graduated high school and works alongside his father in their *ojalatería* (auto painting

business). Dolores awaits his eighteenth birthday when he will legally become an adult. Then she will be free to approach him since he will be free to respond to her without his father's permission.

After her futile attempt to claim both children, Dolores returned to California with Emilia. She remarried in 1987, believing that she had found enduring love. She had three children with her new husband before the gossips began to whisper that he was *mujeriego* (a womanizer). When Dolores confronted him with the rumors, he confessed and seemed to repent. But within weeks, he made sexual advances to the thirteen-year-old daughter of a neighbor. Sickened by his behavior, Dolores threw him out.

Dolores had had enough of California; it held bitter memories of betrayal and failed love. She sold her furnished house trailer for $5,000. Then she and the four children headed for St. Paul. It was 1991.

Her co-workers in the fields had recommended Minnesota as a good state to raise children. Jobs were plentiful and the schools were good, they said. In Minnesota, kind people helped Dolores find an apartment and pointed out potential employers. But she soon found it more expensive to live in chilly Minnesota than in California. It was impossible to support the children and pay for their child care on the $8.00 hourly wage she earned processing potatoes.

Within months, her nest egg was depleted. Dolores was forced to seek government aid to support the children. The family survived on AFDC for several years. Dolores earned a little extra by baby sitting. She stretched their dollars by buying their clothes and household items at second hand shops. When their cupboards were empty at the end of the month, she turned to the Neighborhood House food shelf and the community kitchen where volunteers from churches cook evening meals and everyone is welcome to eat, no questions asked. Her oldest children attended grade school and Dolores volunteered as room mother and field trip chaperone for Emilia's class. She felt grateful for the opportunity to help for she was ashamed to live on welfare. She eagerly awaited the day when her youngest child could enter first grade. Then she would work full-time while the kids were in school.

Meanwhile, some friends introduced her to Leo (Leonardo), a lanky handyman, just come up from Texas. Leo needed a place to sleep and store his tools. Dolores' friends urged her to let him have the spare room in her basement, but Dolores wanted nothing to do with men. Her friends persisted, "Leo is all right. He works hard. He doesn't drink." Grudgingly,

she relented and let him move in after she had exacted his promises: no drinking or smoking in her house, no entering her apartment.

Months passed. When they passed each other in the yard, Leo would give her a friendly, "*¿Hola, como le va?* (Hi, how's it going?)" One day, her seven-year-old son, Gerardo, enlisted Leo to help him construct a tiny sailboat to float in the bathtub. Dolores heard them laughing through the screen window and watched from behind the curtain. Leo was good with her son. Dolores felt obligated to Leo and offered him an iced tea as a thank you. Later, they chatted on the back porch. That's how their friendship started. As time passed, Dolores had to admit that Leo was a decent man; if he wasn't working, he was home. He genuinely liked her kids and played with them and told them stories about his boyhood ranch home near San Antonio, Texas. Then one summer night she and Leo went dancing with a group of friends. Swaying in his arms, Dolores admitted to herself that she was in love again. She had resisted that feeling for months. She was afraid. Her former husbands' bitter betrayals still stung. Finally, she yielded to her need for love and took Leo into her heart.

Dolores, Leo and the four children have lived as a family for three years. Dolores took a stock job in a computer warehouse when her youngest, Mateo, entered first grade. Leo and Dolores combined their paychecks to buy a duplex. The rent money they earn pays the mortgage. Dolores dreams of enrolling in technical college to better her English and learn the catering trade. Day by day, Leo proves himself to be a gentle father and a faithful companion for Dolores. They plan to marry. Like Dolores, Leo will marry for love.

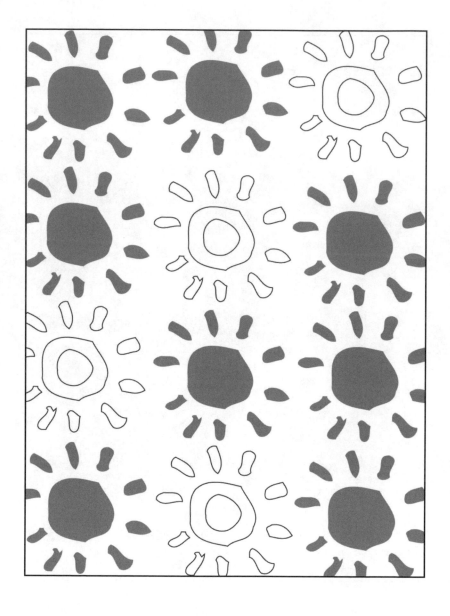